THÉÂTRE

DE LESAGE.

LA PRINCESSE DE CARIZME. Act III. Sc. XII.

THÉATRE

CHOISI

DE LESAGE.

TOME SECOND.

A PARIS,

CHEZ GENETS JEUNE, LIBR., RUE DAUPHINE, N.° 14.

DE L'IMPRIMERIE DE DIDOT LE JEUNE.

1821.

LA QUERELLE

DES

THEATRES.

PROLOGUE,

Représenté à la Foire Saint-Laurent en 1718 ; et ensuite sur le théatre de l'Opéra, par ordre de S. A. R. Madame.

PERSONNAGES.

LA COMÉDIE FRANÇAISE.
LA COMÉDIE ITALIENNE.
L'OPÉRA, ARLEQUIN.
LA FOIRE, PIERROT.
MEZZETIN,
POLICHINELLE, } suivans de la Foire.
UN GILLE,
UN AUTEUR tragique,
UN ACTEUR habillé à la } suivans de la Comédie
romaine, française.
UN CRISPIN,
UN PANTALON, } suivans de la Comédie italienne.
UN SCAPIN,

La scène est dans la salle de l'Opéra comique.

LA QUERELLE

DES

THÉATRES.

<hr>

Le théâtre représente la salle de l'Opéra-
comique.

SCÈNE I.

LA FOIRE, seule.

Hola ! danseurs , chanteurs de vaudevilles !

Air n° 99 , ou Din, don, don.

Peuples à mes ordres soumis,
Histrions forains mes amis.
Venez tous ;
Accourez , troupe comique,
Vite assemblez-vous.
De votre lyrique
Rendez tous les théâtres jaloux.

Quoi ! personne n'accourt à ma voix !
N'entendez-vous pas votre maîtresse qui vous
appelle ? Songez-vous que c'est aujourd'hui

le premier jour de mes spectacles d'été? Holà
donc ! Mezzetin , Olivette, Docteur, Polichinelle.

AIR n° 44, ou *Tout roule aujourd'hui dans le monde.*

> Répondez donc à mon attente ;
> Mes enfans, venez, il est temps ;
> Déjà le marchand se tourmente,
> Sa voix appelle les chalands ;
> Et l'obligeant Massy (*) présente
> Du tabac aux honnêtes gens.

SCÈNE II.

LA FOIRE, MEZZETIN.

MEZZETIN, riant.

Ha, ha, ha, ha, ha.

LA FOIRE.

Quel sujet avez-vous de rire ?

MEZZETIN , riant encore.

Ha, ha, ha, ha, ha.

LA FOIRE.

Pourquoi donc ces ris immodérés ?

MEZZETIN.

La Comédie française et la Comédie italienne.... (Il continue de rire.) Ha, ha, ha,
ha, ha.

(*) Fameux limonadier de la Foire. (*Note de l'auteur.*)

LA FOIRE.

Encore ? hé bien ! la Comédie française
et la Comédie italienne ?...

MEZZETIN.

Ces deux dames sont dans le Préau. Elles
veulent honorer de leur présence l'ouver-
ture de notre théâtre. Elles viennent voir si
la foire sera bonne.

Air n° 41, ou *Sous un ciel pur et sans nuage.*
(*Ninon chez madame de Sévigné.*)

Elles ont vu beaucoup de monde
Venir en foule dans nos jeux.
Je ris de la douleur profonde
Que fait paraître une des deux.

LA FOIRE.

C'est la Française apparemment ?

MEZZETIN.

Vous l'avez dit.

Air n° 3, ou *Je t'ai planté, je t'ai vu naître.*

Elle se livre à la tristesse
Qui déconcerte son maintien.
L'autre de la sienne est maîtresse.

LA FOIRE.

Oh ! c'est l'esprit italien.

MEZZETIN.

Mais les voici.

LA FOIRE.

Qu'on ait soin de les bien placer. Ce sont mes supérieures que ces dames-là. Je ne suis que leur très-humble servante. Je ne puis leur marquer trop de respect.

SCÈNE III.

LA FOIRE, MEZZETIN, LA COMÉDIE FRANÇAISE, LA COMÉDIE ITALIENNE, M. CHARITIDES, AUTEUR TRAGIQUE.

LA COMÉDIE FRANÇAISE.

(ELLE est appuyée d'un côté sur la Comédie italienne, et de l'autre sur M. Charitides. Elle déclame les vers suivans dans le goût des héroïnes de théâtre :)

N'allons pas plus avant, demeurons, ma mignonne (*).
Je ne me soutiens plus, la force m'abandonne :
Mes yeux sont étonnés du monde que je voi,
Pourquoi faut-il, hélas ! qu'il ne soit pas chez moi !

LA COMÉDIE ITALIENNE, quittant le bras de la
Comédie française.

Oh ! tâchez de vous soutenir toute seule, j'ai assez de peine à me soutenir moi-même.

(*) Parodie des premiers vers de la scène 3. du premier acte de *Phèdre*.

SCÈNE III.

LA COMÉDIE FRANÇAISE , à l'auteur.

Aidez-moi donc , vous, M. Charitides.

M. CHARITIDES , la repoussant.

Je suis votre valet. Quand vous vous por-
tiez bien , vous ne me regardiez pas : à présent que vous êtes malade , vous implorez
mon secours : serviteur.

LA FOIRE , à la Comédie française.

Madame , je suis ravie d'avoir l'honneur
de vous voir. Permettez-moi de vous embrasser.

(Elle s'avance pour l'embrasser.)

LA COMÉDIE FRANÇAISE , la repoussant.

Je me trouve mal.

LA COMÉDIE ITALIENNE.

Et moi, tout de même.

LA FOIRE.

Des fauteuils à ces dames. Hé ! vite des
fauteuils. Je crois qu'elles vont tomber en
faiblesse.

(La Foire et Mezzetin prennent les deux Comédies
entre leurs bras, jusqu'à ce qu'on ait apporté des fauteuils. Les Comédies s'y mettent, et la Foire s'assied
sur un tabouret.)

LA COMÉDIE FRANÇAISE.

Je n'en puis plus.

LA COMÉDIE ITALIENNE.

Je me meurs. Je crois que je serai obligée d'aller prendre l'air natal, ou de faire ici corps neuf.

MEZZETIN, à la Comédie française.

Voulez-vous de l'eau de la reine de Hongrie ?

LA COMÉDIE FRANÇAISE, le regardant de travers.

Retire-toi , profane.

(Au public, en déclamant.)

Public, qui connaissez le prix de mes ouvrages,
Pouvez-vous accorder à ceux-ci vos suffrages?

LA FOIRE.

Ah ! je vois la cause de votre défaillance : vous êtes fâchée de voir ici bonne compagnie, n'est-ce pas ?

MEZZETIN.

Voilà l'enclouure. Hé ! ventrebleu, madame, que ne faites-vous comme nous ? mettez-vous en quatre pour plaire au public.

LA FOIRE.

Il a raison : il semble que vous preniez

plaisir à vous laisser mourir de faim. Donnez des nouveautés.

LA COMÉDIE FRANÇAISE.

La bonne drogue que des nouveautés ! ne fais-je pas mieux ? je donne tous les chefs-d'œuvre de mon théâtre.

AIR n° 36, ou *De tous les capucins du monde.*

Mes pièces les plus excellentes,
Tartufe, et *les Femmes savantes,*
Amphitryon, et *le Grondeur,*
Et presque tous les jours *l'Avare.*

MEZZETIN.

Bon ! l'on sait ces pièces par cœur.

LA COMÉDIE FRANÇAISE.

Non, non ; le public est bizarre.

LA COMÉDIE ITALIENNE.

Effectivement, on ne sait comment faire pour le contenter ; il est soûl des vieilles pièces, et les nouvelles le rassasient dès la première représentation.

LA FOIRE.

Il est vrai que vos nouveautés passent comme des ombres.

LA COMÉDIE FRANÇAISE, levant les yeux au ciel.

Que Paris est aujourd'hui de mauvais goût !

LA FOIRE.

Air n° 100, ou *Malgré l'éclat de l'opulence.*
(*de Jeannot et Colin.*)

> Vous le trouvez très-raisonnable
> Lorsqu'il va s'amuser chez vous ;
> Mais vient-il s'amuser chez nous,
> Son goût vous paraît détestable.
> Mais vient-il s'amuser chez nous,
> Son goût vous paraît détestable.

LA COMÉDIE ITALIENNE.

Sans doute , il entend chez nous des choses dignes de son attention ; mais vos fariboles, vos fariboles...

LA FOIRE.

Air n° 36, ou *De tous les capucins du monde.*

> Qu'appelez-vous des fariboles ?
> N'apprécions point les paroles ;
> Qui veut sainement en juger,
> Madame, trouve que les vôtres,
> Malgré l'idiome étranger,
> Ne valent pas mieux que les nôtres.

SCÈNE IV.

LA COMÉDIE FRANÇAISE, LA COMÉDIE ITALIENNE, LA FOIRE, UN GILLE.

LE GILLE, à la Foire.

Monsieur votre cousin, madame.

LA FOIRE.

Mon cousin?

LE GILLE.

Oui, votre cousin. C'est un grand monsieur de bonne mine, qui chante à tort et
à travers tout ce qui lui vient dans l'esprit.

LA FOIRE.

Ah! c'est l'Opéra : c'est ce fou-là.

LA COMÉDIE FRANÇAISE.

L'Opéra? le traître! c'est l'auteur de nos
malheurs.

LA COMÉDIE ITALIENNE.

A ce nom, je sens redoubler ma colère.

LA COMÉDIE FRANÇAISE.

C'est lui, maudite Foire, qui t'a retirée
du néant où je t'avais fait rentrer (1).

LA COMÉDIE ITALIENNE.

Le voici; je suis tentée de le mettre en
pièces.

LA FOIRE.

Mettre en pièces l'Opéra ! oh! laissez ce
soin-là à ses poëtes et à ses musiciens.

____

(*) Lorsqu'on eut défendu la parole aux acteurs forains, ils
achetèrent de l'Opéra le droit de chanter. (*Voyez* la *Notice sur
Lesage*, en tête du *Diable boiteux*, page xxiij et suiv.)

SCÈNE V.

LA COMÉDIE FRANÇAISE, LA COMÉDIE ITALIENNE, LA FOIRE, L'OPÉRA.

L'OPÉRA vient en dansant et en chantant.

AIR n° 101, ou *Cotillon des fêtes de Thalie.*

Dans ce temps,
Filles de quinze ans,
Vous n'en savez pas moins que vos mamans.
Dès qu'on a quitté la lisière,
On voudrait dejà...
Tari, tati, tari, tata.
Dans ce temps,
Filles de quinze ans,
Vous n'en savez pas moins que vos mamans.

(Apercevant les Comédies.)

Eh ! bonjour, mesdames. Vous ici ! Je croyais qu'il n'était permis qu'à moi de faufiler avec la Foire.

LA COMÉDIE FRANÇAISE, le prenant à la gorge.

Il faut que je t'étrangle, malheureux.

LA COMÉDIE ITALIENNE, se jetant sur lui.

Que je te dévisage.

L'OPÉRA, se débarassant d'elles.

Point d'emportement, mesdames; croyez-moi, vivons dans la concorde.

LES DEUX COMÉDIES, ensemble.

Air n° 102, ou *Tout roule aujourd'hui dans le monde.*

Non, ce n'est que pour la colère
Que nos cœurs malheureux sont faits;
La concorde ne peut nous plaire,
Nous y renonçons pour jamais.
Non, ce n'est que pour la colère
Que nos cœurs malheureux sont faits.

LA COMÉDIE FRANÇAISE.

Vous avez beau faire, monsieur l'Opéra, je perdrai mon ennemie.

L'OPÉRA.

J'y mettrai bon ordre.

LA COMÉDIE ITALIENNE, à la Foire.

Nous vous détruirons.

LA FOIRE, se moquant de ses menaces.

Prrr.

LA COMÉDIE FRANÇAISE, lui mettant le poing sous le nez.

Oui, nous vous abîmerons.

LA FOIRE, la repoussant.

Il ne faut pas pour cela me mettre le poing sous le nez. Vos airs ne me conviennent point du tout

LA COMÉDIE FRANÇAISE , fièrement.

Je puis les avoir avec une petite créature comme vous.

LA FOIRE, en fureur et d'une voix aigre.

Petite créature ! vous n'êtes qu'une insolente.

LA COMÉDIE FRANÇAISE.

Juste ciel !

LA COMÉDIE ITALIENNE.

Vous perdez le respect, ma mie.

LA FOIRE.

Le respect ! Je veux que cinq cents diables m'emportent si je ne vous applique à toutes deux mon respect sur le visage.

(Elle fait l'action de cracher dans sa main.)

LA COMÉDIE FRANÇAISE , outrée.

Ah ! c'est trop en souffrir !...

(Elle déclame.)

Allons, c'est à nous deux à nous rendre justice.
Que de cris de douleur la Foire retentisse !
Courons chercher main-forte ; et d'un air furieux,
Revenons saccager, tout briser en ces lieux.
Nous n'épargnerons rien dans ce désordre extrême ;
Tout nous sera forain , fût-ce l'Opéra même. (*)

(Elle sort.)

(*) Parodie de quelques vers d'*Andromaque*, acte 5, scène 2.

SCÈNE V.

L'OPÉRA, riant.

Ha, ha, ha, ha, ha.

LA COMÉDIE ITALIENNE, en s'en allant.

Oui, rira bien qui rira le dernier. *Vederéte, vederéte, razza maledetta.*

SCÈNE VI.

LA FOIRE, L'OPÉRA, MEZZETIN.

LA FOIRE.

AIR n° 103, ou *N'allez point au bois seulette.*

Quoi ! chez nous on nous menace !
Souffrirons-nous cette audace ?
Quoi ! chez nous on nous menace !
N'est-ce pas nous outrager ?

L'OPÉRA.

(*même air.*)

Au public tâchez de plaire,
Et méprisez leur colère ;
Au public tâchez de plaire ;
Pouvez-vous mieux vous venger ?

LA FOIRE, L'OPÉRA et MEZZETIN.

(ensemble.)

L'OPÉRA.

Au public tâchez
  FOIRE et MEZZETIN. } de plaire,
Au public tâchons

L'OPÉRA.

Et méprisez
LA FOIRE et MEZZETIN. } leur colère.
Et méprisons

L'OPÉRA.

Au public tâchez
LA FOIRE et MEZZETIN. } de plaire.
Au public tâchons

L'OPÉRA.

Pouvez-vous mieux vous
LA FOIRE et MEZZETIN. } venger?
Pouvons-nous mieux nous

L'OPÉRA.

Ho çà, cousine, j'ai une prière à vous faire : avancez-moi, de grâce, un quartier de ma pension. (*)

LA FOIRE.

En vérité, mon cousin, vous êtes bien intéressé. Vous ne manquez pas d'argent.

L'OPÉRA.

Pardonnez-moi : je dépense et je dois beaucoup.

LA FOIRE.

Je vous l'enverrai demain.

(*) L'Opéra avait vendu aux forains le droit de chanter moyennant une pension ou somme annuelle.

L'OPÉRA.

Cela suffit. Adieu, petite mère.

(Il s'en retourne comme il est venu, en chantant
et dansant.)

> Dès qu'on a quitté la lisière
> On voudrait déjà....
> Tari, tati, tari, tata.

SCÈNE VII.

LA FOIRE, MEZZETIN.

LA FOIRE.

ALLONS, Mezzetin, avertissez tous vos camarades : il est temps de commencer.

AIR *Je suis Lindor*.

Préparez-vous pour la fête nouvelle....

SCÈNE VIII.

LA FOIRE, MEZZETIN. POLICHINELLE, UN GILLE.

POLICHINELLE, l'épée à la main.

Au feu ! au feu !

AIR n° 104, ou *Aux armes ! camarades*.

> Aux armes ! camarades,
> L'ennemi vient à nous.
> Préparons-nous tous.

Aux armes! camarades.
N'allons point ici filer doux.

LA FOIRE.

Qu'y a-t-il donc ?

POLICHINELLE.

Air n° 17, ou *des Trembleurs.*

Nos deux fières ennemies,
De tous leurs acteurs suivies,
Viennent comme des furies,
Mes chers amis, fondre ici.
Animons notre courage ;
Ne cédons point l'avantage
A leur envieuse rage.

MEZZETIN , allant chercher son épée.

Défendons-nous. Les voici.

SCÈNE IX.

LA FOIRE, MEZZETIN, POLICHINELLE, UN GILLE, LES COMÉDIES FRANÇAISE ET ITALIENNE, AVEC LEUR SUITE.

LES DEUX COMÉDIES , ensemble.

Air n° 75, ou *Poursuivons jusqu'au trépas.*

Détruisons tous les Forains,
Auteurs de notre indigence ;
De nos propres mains
Tuons cette engeance.

(Les suivans des deux Comédies et ceux de la Foire

se battent à coups d'épées. Les derniers sont re-
poussés, et abandonnent le champ de bataille.)

LA COMÉDIE FRANÇAISE.

AIR n° 74, ou *Jardinier, ne vois-tu pas.*

> Rasons jusqu'aux fondemens
> Ce jeu qui nous outrage.

LES DEUX COMÉDIES, ensemble.

> Oui, dans nos ressentimens,
> Laissons-y des monumens
> De rage, de rage, de rage.

(Leurs suivans brisent les décorations.)

LES DEUX COMÉDIES, ensemble.

AIR n° 105, ou *Qu'il pleuve, qu'il vente ou qu'il neige.*

> Ah! qu'il est doux pour notre rage
> De pouvoir faire ici tapage!
> Heureuse la fureur
> Qui remplit ces jeux-ci d'horreur.

(On entend dans cet endroit un bruit de timbales
et de trompettes.)

LA COMÉDIE FRANÇAISE.

Quel bruit se fait entendre! nos ennemis auraient-ils repris courage?

LA COMÉDIE ITALIENNE.

Ils reviennent à la charge sans doute.

SCÈNE X.

LES DEUX COMÉDIES et leurs suivans,
LA FOIRE, suite de la foire, **L'OPÉRA.**

LA FOIRE.

Air n° 16, ou *Je reviendrai demain au soir.*

Oui, vous revoyez les Forains. (*)
　　Défendez-vous, Romains.　　　　*bis.*
　Voici notre ami l'Opéra,
　　Qui pour nous combattra.　　　　*bis.*

(Les Forains chargent leurs ennemis. L'Opéra se bat contre un acteur habillé à la romaine, et le culbute. Les Comédies et leurs suivans se retirent, et les Forains demeurent vainqueurs.)

SCÈNE XI.

LA FOIRE, suivans de la foire.

LA FOIRE.

Air n° 94, ou *Quand il vient des filles, ou les Rats.*

　Laissons la poursuite
　De nos ennemis ;
　Il suffit qu'en fuite
　Nous les ayons mis.
Pour célébrer notre victoire,
Venez ici, mes favoris.

(*) *Voyez* la *Notice sur Lesage*, en tête du *Diable boiteux*, page xxix.

CHOEUR DES SUIVANS DE LA FOIRE.

O alegria !

LA FOIRE.

Amis, chantons : Vive la Foire !

CHOEUR.

O alegria !

LA FOIRE.

Vive la Foire et l'Opéra.

TOUS, ensemble.

O alegria !

Vive la Foire et l'Opéra !

(Tous les acteurs de la Foire se réunissent pour danser, et le Prologue finit par là.)

FIN DU PROLOGUE.

LA PRINCESSE

DE CARIZME.

PIÈCE EN TROIS ACTES,

Représentée à la Foire Saint-Laurent en 1718; et pendant le cours de la même foire, sur le théâtre de l'Opéra, par ordre de S. A. R. Madame.

PERSONNAGES.

LE PRINCE DE PERSE.
ARLEQUIN, son confident.
LE SULTAN DE CARIZME.
LA PRINCESSE ZÉLICA, sa fille.
DILARA, confidente de Zélica.
ESCLAVES blanches et noires de la suite de la princesse.
LE VISIR.
LE BOSTANGI.
LE GRAND-PRÊTRE.
SUITE du grand-prêtre.
UN BRACHMANE.
LE CONCIERGE DES TOURS.
UN HÉRAUT.
UN VIEILLARD, } fous.
UN JEUNE-HOMME, }
PLUSIEURS FOUS.
UNE JEUNE CARIZMIENNE, amante du jeune
homme.
TROUPE de Carizmiens et de Carizmiennes.
GARDES.

La scène est d'abord aux portes de la ville de Carizme, ensuite dans les jardins et dans le palais du
sultan.

LA PRINCESSE DE CARIZME.

ACTE PREMIER.

Le théâtre représente plusieurs tours iso-
lées, et une ville dans l'enfoncement.

SCÈNE I.

LE PRINCE DE PERSE, ARLEQUIN.

ARLEQUIN.

Air n° 12, ou *Réveillez-vous, belle endormie.*

Qui croirait que, sans équipage,
Le fils du grand roi des Persans,
Comme un simple mortel voyage
Dans l'Orient depuis deux ans?

LE PRINCE.

Cela me fait plaisir.

ARLEQUIN.

Air n° 46, ou *de Joconde.*

Oui, mais enfin, en voyageant
Comme un homme ordinaire,

Vous n'avez que moi pour agent,
  Valet et secrétaire;
Ne vous lassez-vous point, seigneur,
  De ce genre de vie?

LE PRINCE.

Non, non, j'y trouve une douceur
  Dont mon âme est ravie.

J'entends parler le peuple; je le vois agir;
j'apprends à connaître les hommes.

Air n° 19, ou *Je suis encor dans mon printemps.*
(d'Une Folie.)

En un mot, de ce que je vois
Je tire de grands avantages.
Je suis peu surpris si des rois
Ont fait de semblables voyages
Ils en ont retiré le fruit.

ARLEQUIN.

Voyageons donc à petit bruit.

LE PRINCE.

Nous voici aux portes de la ville de Carizme.

Air n° 13, ou *Monsieur le prevôt des marchands.*

Dans cet agréable séjour
Un grand monarque tient sa cour,
Un souverain dont la puissance
Est à redouter aujourd'hui;

L'auteur même de ma naissance
A peine est plus puissant que lui.

ARLEQUIN.

AIR n° 106, ou *Comme un coucou que l'amour*
presse.

Sa cour doit être magnifique.

SCÈNE II.

LE PRINCE, ARLEQUIN, PLUSIEURS FOUS
RENFERMÉS.

1er FOU, qu'on ne voit point.

Ma princesse,
Ma princesse.

2e FOU, qu'on ne voit point.
Nanette, dormez-vous ?
Nanette, dormez-vous ?

3e FOU, qu'on ne voit point.

Que faites-vous, Marguerite ?
Ratissez-vous des navets ?

LE PRINCE, continuant l'air qu'Arlequin a commencé.

Qu'entends-je ? le concert est beau.

ARLEQUIN.

Ah ! quelle diable de musique !
Serait-ce un opéra nouveau ?

LE PRINCE.

(*même air.*)

Approchons-nous pour mieux entendre.

ARLEQUIN.

Nous n'entendons que trop d'ici.

1er FOU, qu'on ne voit point.

(*même air.*)

Ma princesse,
Ma princesse.

2e FOU, qu'on ne voit point.

O charmante nymphe !

3e FOU, qu'on ne voit point, riant.

Ha, ha, ha, ha, ha, ha, ha, ha.

LE PRINCE, continuant l'air qu'il a commencé.

Ami, je commence à comprendre.

ARLEQUIN.

Je commence à comprendre aussi.

LE PRINCE.

Ce sont apparemment des fous qu'on
tient renfermés dans ces tours.

ARLEQUIN.

Justement. En voilà qui paraissent.

1er FOU, à une fenêtre, et montrant Arlequin
du doigt.

La plaisante figure ! Ho, ho, ho, ho, ho !

ARLEQUIN, le contrefaisant.

Ah ! le joli mignon ! Ha, ha, ha, ha, ha !

2ᵉ FOU, à une fenêtre, dans l'attitude d'un
homme qui rêve.

AIR n° 31, ou *des Folies d'Espagne.*

Non, non, jamais rien ne fut comparable
Aux traits divins dont je suis enchanté :
C'est des beaux yeux de ma nymphe adorable
Que le soleil emprunte sa clarté.

ARLEQUIN.

C'est un fou sérieux, celui-là.

LE PRINCE.

C'est sans doute un amant à qui l'amour
aura troublé la cervelle.

1ᵉʳ FOU.

AIR n° 107, ou *Sens dessus dessous.*

Nous étions trois dans un logis,   *bis.*
Et tous trois assez bons amis,   *bis.*
Aimant tous trois la chambrière,
    Sens dessus dessous,
    Sens devant derrière ;
Mais elle se moqua de nous ;
    Sens devant derrière,
    Sens dessus dessous.

ARLEQUIN.

Voilà un drôle de corps.

1er FOU.

Air n° 108, ou *Je passe la nuit et le jour.*

Quand je suis près de ma Fanchon ,
Rien ne lasse ma complaisance ;
Je fais ce que veut le tendron ;
Je chante; et , s'il veut que je danse ,
Loin de vouloir m'en dispenser ,
Je suis toujours prêt à danser ,
Prêt à danser,
Prêt à danser ,
Je suis toujours prêt à danser.

ARLEQUIN.

J'aime mieux celui-ci , il est plus gaillard.

1er FOU.

Prêt à danser ,
Prêt à danser,
Je suis toujours prêt à danser.

ARLEQUIN , après l'avoir contrefait.

L'original !

SCÈNE III.

LE PRINCE, ARLEQUIN, LE CONCIERGE
DES TOURS.

LE PRINCE.

Quel homme vient à nous ?

ARLEQUIN.

C'est quelque échappé des tours.

LE CONCIERGE , après avoir salué le prince ,
règarde Arlequin de travers.

Seigneur....

ARLEQUIN , effrayé.

Hoïmé ! quels regards !

LE CONCIERGE.

Frères, à l'air dont je vous vois considé-
rer ces fous , je juge que vous êtes deux
étrangers.

LE PRINCE.

Vous ne vous trompez pas.

Air n° 32, *Chantez , dansez , amusez-vous.*
(*de la Rosière.*)

Nous sommes deux fils de marchands.
Nous voyageons par fantaisie.

ARLEQUIN.

Oui, monsieur , nous courons les champs.

LE PRINCE.

Nous voulons parcourir l'Asie.

LE CONCIERGE.

C'est donc un désir curieux
Qui vous attire dans ces lieux?

ARLEQUIN.

Vous l'avez dit.

4ᵉ **FOU**, à une fenêtre.

REFRAIN de l'air nº 26 , ou *L'amour me fait,
lon lan la.*

L'amour me fait , lon lan la ,
L'amour me fait mourir.

LE PRINCE.

Ce qui m'étonne, c'est que l'amour entre dans les chansons de tous ces fous.

LE CONCIERGE.

Cela n'est pas surprenant, puisque leur
folie vient de l'amour.

LE PRINCE.

Comment cela ?

LE CONCIERGE.

AIR nº 41, ou *Sous un ciel pur et sans nuage.*
(*Ninon chez madame de Sévigné.*)

C'est le même trait qui les blesse ;
Tous ont perdu le jugement
Pour avoir vu notre princesse ,
Qu'on ne peut voir impunément.

LE PRINCE.

Qu'entends-je ?

ARLEQUIN.

Que dites-vous ?

LE CONCIERGE.

(même air.)

C'est une princesse si belle ,
Que d'un seul regard de ses yeux
Elle vous trouble la cervelle.

ARLEQUIN.

Quelle commère, justes dieux !

LE PRINCE.

Air n° 7, ou *Tu croyais, en aimant Colette.*

Sa vue est donc bien redoutable ?
Eh quoi! la fille du sultan
Renverse l'esprit ? Quelle fable !

ARLEQUIN.

Oui, vous nous faites un roman.

LE CONCIERGE.

Je ne dis rien qui ne soit véritable. Quand
la princesse Zélica sort du palais pour se
promener dans la ville, un héraut marche
devant elle en disant :

Air n° 109 , ou *C'est le dieu des eaux.*

La fille du roi notre bon maître ,
Zélica se dispose à paraître.

Cachez-vous, peuples, la voici , gare!
gare !

ARLEQUIN, *tombant sur le ventre.*

Ahi! ahi! ahi!

LE PRINCE.

Qu'as-tu donc?

ARLEQUIN, *épouvanté, et comme cherchant à
se cacher.*

La voilà! la voilà!

LE PRINCE.

Qui?

ARLEQUIN.

Zélica.

LE CONCIERGE.

AIR n° 3, *Je l'ai planté, je l'ai vu naître.*

Ami, quelle est cette folie?

LE PRINCE.

Qu'as-tu?

ARLEQUIN.

Je viens de la voir.

LE PRINCE.

Où?

ARLEQUIN.

Ah! dites-moi, je vous supplie,
Ne suis-je pas devenu fou?

LE CONCIERGE.

Il faut que vous le soyez naturellement,
que diable! Zélica n'est point venue ici.

ARLEQUIN.

Vous avez pourtant dit : Gare! gare!

LE CONCIERGE.

Ne voyez-vous pas bien que je fais parler le héraut?

ARLEQUIN.

Ah! je vous entends.

LE CONCIERGE.

Le héraut donc n'a pas sitôt dit : Gare!
gare! que tous les hommes, jeunes et vieux,
se cachent dans leurs maisons. Il arrive
quelquefois qu'un téméraire méprise le
péril, et ose regarder la princesse, qui se
promène le voile levé.

Air n° 18, ou *Lanturlu*.

Mais, ciel! qu'il prépare
Aux siens de regrets!
D'un objet si rare
A-t-il vu les traits,
Son esprit s'égare,
Et pour jamais est perdu.

ARLEQUIN.

Lanturlu, lanturlu, lanturelu.

LE CONCIERGE.

On me l'amène; je l'enferme dans ces
tours dont je suis le concierge, et que le

sultan a fait bâtir exprès pour mettre les malhéureux que la vue de Zélica prive de jugement.

LE PRINCE.

Air n° 9, ou *Livrons-nous à la tendresse.*

> Ce récit en moi fait naître
> Un mouvement curieux;
> Je voudrais bien voir paraître
> Ce beau chef-d'œuvre des cieux.

LE CONCIERGE.

> Quel fatal désir vous presse !
> Fuyez plutôt la princesse,
> Et ses dangereux appas.

LE PRINCE.

> Qui? moi? Je ne la crains pas.

ARLEQUIN.

Ni moi non plus. Je me moquais au moins .

LE PRINCE.

(*même air.*)

> J'ai vu cent beautés charmantes,
> Sans m'en laisser enflammer.

ARLEQUIN.

> Cent dondons appétissantes
> M'ont prié de les aimer.
> Oh ! je suis fort difficile !

LE PRINCE.

J'en regarderais dix mille
D'un œil très-indifférent.

ARLEQUIN.

Ce n'est pas nous qu'on surprend.

LE CONCIERGE.

Air n° 67, ou *Il pleut, il pleut, bergère.*

Quelle erreur est la vôtre!
Malgré ces fiers discours,
Vous pourriez l'un et l'autre
Demeurer dans ces tours.

LE PRINCE, riant.

Bon !

ARLEQUIN, riant aussi.

Vous nous faites rire.

LE CONCIERGE.

Vous auriez ce sort-là.

LE PRINCE.

Quoi que vous puissiez dire,
Nous verrons Zélica.

ARLEQUIN.

Oui, morbleu! nous la verrons.

LE PRINCE, voulant aller dans la ville.

Allons, Arlequin.

ARLEQUIN, le suivant.

Allons.

LE CONCIERGE, *arrêtant le prince.*

Ah ! que voulez-vous faire ? n'entrez point dans la ville, la princesse s'y promène en ce moment.

ARLEQUIN.

Tant mieux.

LE PRINCE.

C'est à cause de cela que j'y veux entrer.

LE CONCIERGE, *prenant le prince par le bras.*

AIR n° 8, ou *O ma tendre musette.*

Arrêtez, téméraire.

LE PRINCE, *voulant se débarrasser.*

Vous n'y gagnerez rien.

ARLEQUIN.

Je veux me satisfaire.

LE CONCIERGE, *le retenant aussi.*

Ah ! gardez-vous-en bien !
La pitié m'intéresse
A retenir vos pas.

LE PRINCE.

Que votre crainte cesse.

ARLEQUIN.

Ne tremblez pas.

LE PRINCE.

Mais, que vois-je ?

Air n° 36, ou *De tous les capucins du monde.*

Quel homme en ces lieux on entraîne?

LE CONCIERGE.

C'est un nouveau fou qu'on m'amène.
Voyez ce vieillard décrépit :
Malgré la glace de son âge,
Il n'a pu, sans perdre l'esprit,
De Zélica voir le visage.

ARLEQUIN.

Mais, cela paraît sérieux.

LE CONCIERGE.

Cela ne l'est que trop pour lui.

SCÈNE IV.

LE PRINCE, ARLEQUIN, LE CONCIERGE, LE VIEILLARD, UN GARDE.

LE VIEILLARD.

Air n° 110, ou *Griselidis.*

Ah! quel air de noblesse
Brille dans Zélica!
Quelle délicatesse !
Ah! que d'attraits elle a !
    Aussi je dis,
Que c'est une princesse
Dont jamais n'approcha
    Griselidis.

LE CONCIERGE, au prince.

Il est occupé de la princesse, comme vous voyez.

LE PRINCE, au vieillard.

Vous paraissez bien content de Zélica.

LE VIEILLARD, dansant.

Air n° 111, ou *De Paris jusqu'au Mississipi.*

De Carizme jusques à Lima (*)
Il n'est point d'objet comme Zélica;
Pour enchanter le ciel la forma;
Vénus n'eut jamais les attraits qu'elle a.
La Palestine,
La Cochinchine,
Même la Chine
Ne voit point d'objet comme Zélica.

ARLEQUIN, lui mettant le doigt au front et chantant sur le ton du dernier vers.

Bonhomme, ma foi, vous en tenez là.

LE VIEILLARD.

Air 1 n° 12, ou *Vivons pour ces fillettes.*

Cet objet n'a point de défauts.   bis.
Ses beaux yeux sont deux arsenaux
Du dieu de la tendresse.

(*) Ville capitale du Pérou. (*Note de l'auteur.*)

Vivons pour la princesse,
Vivons, vivons pour la princesse.

Allons, chorus.

Il prend Arlequin d'une main, et de l'autre le concierge, qui prend le prince, et ils dansent tous quatre en rond en chantant les deux derniers vers.

TOUS ENSEMBLE.

Vivons pour la princesse,
Vivons, vivons pour la princesse.

LE VIEILLARD.

(*même air.*)

C'est là que ce dieu prend des traits,   *bis.*
Quand il enflamme pour jamais
  Les tendres cœurs qu'il blesse.
  Vivons pour la princesse,
Vivons, vivons pour la princesse.

TOUS ENSEMBLE.

Vivons, etc.

LE VIEILLARD, faisant faire silence.

Chut!

ARLEQUIN.

Conticuére omnes.

LE VIEILLARD.

Air n° 113, ou *Il ressemble à mon frère, on dirait que c'est lui.* (*Rêveries renouvelées des Grecs.*)

Mes chers amis,
Sans une humeur joyeuse,

La vie est ennuyeuse ;
Vivent les ris :
Rions, chantons,
Dansons, sautons.

ARLEQUIN.

Ma foi, de votre espèce on voit peu de barbons.

LE VIEILLARD.

Rions, chantons,
Dansons, sautons.

ARLEQUIN.

Vous êtes, sur ma foi, la perle des barbons.

LE VIEILLARD.

Air n° 114., ou *Vieillards de Thésée.*

Je vivrai toujours dans l'allégresse,
Je fuirai sans cesse
Les noirs chagrins.
Le dieu du tendre empire
Aime encore à rire
Avec les vieillards badins.
D'un air de vieillesse,
D'une blanche tresse
Il n'a point d'horreur ;
C'est la seule tristesse
Qui lui fait peur.

LE PRINCE.

Mais, cet homme-là n'est pas si fou.

ARLEQUIN.

Non, vraiment, il n'en a qu'un petit

grain ; il faut qu'il n'ait vu la princesse
que de profil.

LE PRINCE, au vieillard.

Vous êtes bien gai pour un homme de
votre âge.

LE VIEILLARD, dansant.

Air n° 115, ou *Le Traquenard* (*contredanse*).

Oui, je suis, dans mon vieux temps,
Aussi dispos qu'à quinze ans.

ARLEQUIN.

Ho ! ho ! ho ! quel vieillard !

LE VIEILLARD.

Je danse
Mieux qu'on ne pense.

ARLEQUIN.

Ventrebleu ! quel gaillard !

LE VIEILLARD.

Je danse le Traquenard.

LE PRINCE.

Vous avez encore du jarret.

LE VIEILLARD.

Air n° 93 , ou *Gardons nos moutons, tirette.*

Quand j'entre dans une maison,
La maman s'inquiète;
Et dit tremblante, avec raison,
Tout bas à la fillette :

Gardez vos moutons,
Lirette, liron,
Liron, liré, lirette.

ARLEQUIN.

Diable ! voilà un loup bien dangereux !

LE CONCIERGE, au vieillard, le prenant par la
main.

Allons, bonhomme, suivez-moi.

LE VIEILLARD le suit deux pas, et, s'échappant de
lui, revient en faisant une cabriole, et chante :

AIR n° 116, ou *Et son lanla, tourlourirette.*

Quoique barbon, je sais plaire ;
Je puis faire des jaloux ;
Je fais trembler une mère,
Je fais pâlir un époux.
Je vaux encor,
Tourlourirette,
Je vaux encor
Mon pesant d'or.

ARLEQUIN, le frappant de sa batte, chante sur
le refrain de l'air précédent.

Allez dans la
Tour, lourirette,
Allez dans la
Tour que voilà.

Allez danser le traquenard.

(Le concierge emmène enfin le vieillard.)

SCÈNE V.

LE PRINCE, ARLEQUIN, UNE JEUNE FILLE.

LA JEUNE FILLE, pleurant.

Ah ! ah ! ah !

LE PRINCE.

Que veut dire ceci ?

LA JEUNE FILLE, redoublant ses pleurs.

Ah ! ah ! ah ! ah ! ah !

ARLEQUIN, la contrefaisant.

Oh ! oh ! oh ! En voici bien d'un autre.

LE PRINCE.

AIR n° 89, ou *Nanon dormait*.

Qu'avez-vous, la belle ?
Apprenez-le nous.
Nymphe, expliquez-vous :
D'où vient cette douleur mortelle ?

ARLEQUIN.

C'est du changement
D'un perfide amant.

LA JEUNE FILLE, continuant à pleurer.

Ah ! ah ! ah ! ah ! ah !

ARLEQUIN.

Par ma foi, j'ai mis le doigt dessus.

LE PRINCE.

Air n° 117, ou *Un mitron de Gonesse.*

Pourquoi donc, ma déesse,
Poussez-vous ces cris-là ?

LA JEUNE FILLE.

Je nourrirai sans cesse
La douleur qui me presse :
　Mon amant a
　Vu la princesse,
　Mon amant a
　Vu Zélica.

LE PRINCE.

Et il a perdu l'esprit ?

LA JEUNE FILLE.

En pouvez-vous douter ?

ARLEQUIN, faisant semblant de pleurer.

Ah ! ah ! ah ! ah ! ah !

LE PRINCE.

Air n° 23, ou *Laire la, laire lan laire.*

Vous vous aimiez donc tendrement ?

LA JEUNE FILLE.

Ah ! vous redoublez mon tourment !
Seigneur, notre hymen s'allait faire.

ARLEQUIN.

Laire la, laire lan-laire,

Laire-la,
Laire lan-la.

LA JEUNE FILLE.

AIR n° 118, ou *Dans un bois solitaire et sombre.*

Je le vois. Hélas ! on l'amène !
On va l'enfermer dans ces tours.

LE PRINCE.

Nous prenons part à votre peine :
Nous plaignons le sort de vos amours.

SCÈNE VI.

LE PRINCE, ARLEQUIN, LA JEUNE FILLE, UN JEUNE HOMME, UN GARDE.

LE JEUNE HOMME, chantant et sautant.

Refrain de l'AIR n° 28, ou *Allons, gai.*

ALLONS, gai,
Toujours gai, etc.

LE PRINCE.

Courage. De la gaîté.

ARLEQUIN.

Avez-vous vu Zélica ?

LE JEUNE HOMME.

AIR n° 119, ou *J'en avons tant ri.*

A deux cents pas de son logis,
J'en avons tant ri,

Passant près d'elle, je la vis
Le cul dans une hotte :
J'en avons tant ri;
J'en rirons bien encore.

LE PRINCE.

Celui-là en a une dose un peu forte.

ARLEQUIN.

Il aura vu la princesse en face, assurément.

LE JEUNE HOMME , à la jeune fille.

AIR n° 120, ou *Petite Fanchon.*

Petite fanchon , veux-tu toujours rire ?
N'as-tu point pitié
De mon amitié ?

LA JEUNE FILLE.

AIR n° 79, ou *Talalerire.*

Quoi ! tu méconnais ta maîtresse !
Mon cher ami, regarde-moi.
Ah ! vois la douleur qui me presse !

LE JEUNE HOMME, la prenant par la main et sautant.

Je veux folâtrer avec toi.

LA JEUNE FILLE.

De mes maux tu ne fais que rire.

LE JEUNE HOMME, riant.

Talaleri ! talaleri , talalerire.

LA JEUNE FILLE, soupirant.

Oh ! oh !

LE JEUNE HOMME.

Air n° 121, ou *Connaissez-vous Marotte.*

Connaissez-vous Marotte,
Mignonne, la femme à tretous ?...

LA JEUNE FILLE.

Air n° 122, ou *Charmante Gabrielle.*

Ah ! sa folie augmente !
Quel spectacle, grands dieux,
Pour une tendre amante !

ARLEQUIN.

J'ai les larmes aux yeux.

LA JEUNE FILLE.

Jugez si ma tristesse
Est juste, hélas !

ARLEQUIN, pleurant.

Au diable la princesse,
Et ses appas.

LA JEUNE FILLE, prenant la main de son amant.

Air n° 123, ou *Le beau berger Tircis.*

Reprends le jugement;
A la voix qui t'appelle.
Reconnais, mon cher amant,
Une maîtresse fidèle.

2.   3

LE PRINCE.

Vous lui parlez, la belle,
En vain si tendrement.

LE JEUNE HOMME.

Ah! je vois une mouche bleue. Attendez,
attendez, je vais l'attraper.

Il fait comme s'il poursuivait une mouche. Arlequin, pour se divertir du fou, se prête à son action.

LE JEUNE HOMME, sautant de joie.

Oh! je la tiens. La voilà! la voilà!

Arlequin demande à voir la mouche. Le jeune
homme la lui montre. Arlequin lui donne de sa batte
sur les doigs. Le fou pleure de ce que ce coup lui a
fait lâcher la mouche. Arlequin, pour le consoler, lui
dit qu'il va la rattraper; et, après avoir fait tous les
gestes d'un homme qui poursuit et attrape une mouche, il tire rudement au fou un cheveu pour la lier.
L'ayant liée, il la laisse voler, et il va l'écraser sur le
visage du jeune homme. Après ce *tazzi*, le garde lui
dit :

LE GARDE.

Air n° 13, ou *Monsieur le prevôt des marchands*.

Marchons. C'est trop le retenir.

LA JEUNE FILLE, éperdue.

Ciel! on va donc nous désunir!
Quel malheur! Ne puis-je le suivre?

LE GARDE, emmenant le jeune homme.

Non, non. Il faut vous séparer.

LA JEUNE FILLE.

Je cesserai bientôt de vivre.

(Elle s'en va.)

LE PRINCE.

Ah ! cessez plutôt de pleurer.

ARLEQUIN.

C'est bien dit.

Air nº 56, ou *Landeriri*.

Pourquoi tant pleurer un amant ?
Une femme présentement ,
Landerirette,
Perd un amant comme un mari ,
Landeriri.

SCÈNE VII.

LE PRINCE, ARLEQUIN.

ARLEQUIN.

Air nº 4, ou *O réguingué, ô lon lan la.*

Hé bien, mon prince, voulez-vous
Augmenter le nombre des fous ?
O reguingué, ô lon lan la.

LE PRINCE.

Toutes ces scènes de folie
Ne font qu'irriter mon envie.

SCÈNE VIII.

LE PRINCE, ARLEQUIN, UN HÉRAUT.

LE HÉRAUT, *sautant de joie.*

TALERALA, lerala, lerala.

LE PRINCE.

Voici apparemment quelque nouveau
fou.

LE HÉRAUT, *passant près d'Arlequin.*

De la joie, mon ami, de la joie......
Talerala, lerala, lerala.

ARLEQUIN, *sautant comme lui.*

Talerala, lerala, lerala.

LE HÉRAUT.

L'agréable nouvelle !

ARLEQUIN.

Oui, ma foi. Qu'est-ce que c'est ?

LE HÉRAUT.

Zélica n'est plus à craindre. Elle ne pa-
raîtra pas davantage dans la ville. Le sultan,
frappé des malheurs que causent les appas
de sa fille, vient de lui défendre de sortir
jamais du sérail.

LE PRINCE.

Quel contre-temps !

ARLEQUIN.

Quoi ! l'on ne pourra plus voir la princesse ?

LE HÉRAUT.

Non, vraiment.

ARLEQUIN, dansant.

Talerala, lerala, lerala.

On entend en cet endroit des violons et des haut-
bois.

LE PRINCE.

Qu'entends-je ?

LE HÉRAUT.

Ce sont de jeunes filles qui craignaient
que leurs amans ne vissent la princesse.
Elles se réjouissent avec eux de la défense
du sultan qui les délivre de cette crainte.

Il s'en va en chantant et dansant.

Talerala, lerala, lerala.

SCÈNE IX.

LE PRINCE, ARLEQUIN.

ARLEQUIN.

Air n° 47, ou *Lon tan ta, derirette.*

Vous ne verrez point Zélica.

LE PRINCE.

Malgré cette défense-là ,
Lon lan la, derirette ,
Je prétends la voir, mon ami.
Lon lan la , deriri.

ARLEQUIN , à part.

Quel enragé !

LE PRINCE.

Suis-moi.

Air n° 7, ou *Tu croyais, en aimant Colette.*

Je vais tâcher de m'introduire.

ARLEQUIN.

Où?

LE PRINCE.

Dans le sérail en ce jour.

ARLEQUIN , le suivant.

Que le ciel veuille nous conduire ,
Et nous préserver de la tour !

SCENE X.

TROUPE DE CARIZMIENS ET DE CARIZMIENNES.

UNE CARIZMIENNE.

Air n° 124, ou *Voulez-vous me faire chanter.*

Faisons entendre ici nos chants ;
Livrons-nous tous à l'allégresse.

Ne craignons plus pour nos amans,
Ils ne verront point la princesse.

CHOEUR DE CARIZMIENNES.

Ne craignons plus pour nos amans,
Ils ne verront point la princesse.

(On danse.)

UNE AUTRE CARIZMIENNE.

AIR n° 11, ou *Le fameux Diogène.*

D'une mortelle crainte
Mon âme était atteinte
Pour mon fidèle amant.

UN CARIZMIEN.

Si j'en crois ma tendresse,
Je verrais la princesse
Cent fois impunément.

LA CARIZMIENNE.

AIR n° 125, ou *Goûtons bien les plaisirs, bergère.*

L'amour que vous faites paraître
Pour mon tendre cœur est charmant.

LE CARIZMIEN.

Vos beaux yeux l'ont fait naître.

LA CARIZMIENNE.

Gardez-le chèrement;
Et puisse-t-il s'accraître
De moment en moment!

(Ensemble.)

LA CARIZMIENNE.

Ah! puisse-t-il
LE CARIZMIEN.   } s'accroître!
Ah! je le sens

(Ensemble.)

De moment en moment!

LA CARIZMIENNE.

Ah! puisse-t-il
LE CARIZMIEN.   } s'accroître!
Ah! je le sens

(Ensemble.)

De moment en moment!

(On reprend la danse.)

FIN DU PREMIER ACTE.

ACTE SECOND.

Le théâtre représente la maison du Bostangi.

SCÈNE I.

LE PRINCE, ARLEQUIN, LE BOSTANGI.

LE BOSTANGI.

Oui, messieurs, je suis le jardinier du
sérail.

LE PRINCE.

Air n° 9, ou *Livrons-nous à la tendresse.*

J'en suis ravi , je vous jure.
Que de vous voir il m'est doux !

ARLEQUIN, tendant la main au bostangi.

Touchez là. Je vous assure
Que je me sens tout à vous.

LE BOSTANGI.

Ah! c'est trop d'honneur...

LE PRINCE.

De grâce,
Souffrez que je vous embrasse.

ARLEQUIN , l'embrassant aussi.

Souffrez, seigneur bostangi ,
Que je vous embrasse aussi.

LE PRINCE, lui présentant un brillant.

AIR n° 24, ou *Réveillez-vous , belle endormie.*.

Ne refusez pas, je vous prie,

LE BOSTANGI.

Messieurs...

LE PRINCE.

De moi ce diamant.

LE BOSTANGI, s'en défendant.

Mais, mais...

ARLEQUIN.

Point de cérémonie.
Acceptez-le sans compliment.

(Le Bostangi prend le diamant, et le met à son
doigt.)

LE PRINCE, lui offrant une bourse.

AIR n° 41, ou *Sous un ciel pur et sans nuage.*
(*de Ninon chez madame de Sévigné.*)

De plus, cette bourse est remplie
De ducats et de sequins d'or.

LE BOSTANGI, faisant des façons.
Oh! oh! oh!

LE PRINCE.

Je vous en supplie,
Prenez-la , s'il vous plaît, encor.

LE BOSTANGI, après avoir mis la bourse dans sa poche.

Çà, messieurs, vous n'avez qu'à me dire présentement ce qu'il y a pour votre service.

ARLEQUIN.

Oh ! oh ! oh !

LE BOSTANGI.

Point de cérémonie. On ne donne aujourd'hui rien pour rien. Parlez, voulez-vous que je demande au sultan quelque emploi pour vous? Souhaitez-vous qu'on vous fasse eunuque du sérail?

LE PRINCE.

Ce n'est point cela.

ARLEQUIN.

Non, parbleu.

LE BOSTANGI.

Apprenez-moi donc de quoi il s'agit?

ARLEQUIN.

Air n° 2, ou *En vain la fortune ennemie.*

Nous ne voulons qu'une vétille...

LE BOSTANGI.

Eh ! sans façon, dites-le-moi.

LE PRINCE.

Sachez donc que de votre roi
Je voudrais voir la fille.

ARLEQUIN.

Oui. Voilà la vétille.

LE BOSTANGI.

Comment diable !

LE PRINCE.

Air n° 51, ou *Il n'est qu'un pas du mal au bien.*

Vous n'avez qu'à m'introduire
Dans les jardins secrètement.
Je ne veux la voir qu'un moment.

LE BOSTANGI.

Oh ! n'espérez pas me séduire.

LE PRINCE.

Vous n'avez qu'à m'introduire
Dans les jardins secrètement.

LE BOSTANGI , voulant rendre la bague et la
bourse.

(même air.)

Vous n'avez, vous, qu'à reprendre
Votre or et votre diamant.
A ce curieux mouvement
Je suis trop sage pour me rendre.
Ah ! vous n'avez qu'à reprendre
Votre or et votre diamant.

LE PRINCE.

Non, vous les garderez.

LE BOSTANGI.

Ventrebille !

Air n° 8, ou *O ma tendre musette.*

Du désir qui vous presse
Je suis épouvanté :
Vouloir voir la princesse !
Quelle témérité !

ARLEQUIN.

Nous savons l'un et l'autre
Tout ce que l'on en dit.
Il n'ira rien du vôtre,
S'il perd l'esprit.

LE BOSTANGI.

Pardonnez-moi. Diantre ! il y va de ma vie de faire entrer un homme dans les jardins du sérail : voilà le *hic.*

ARLEQUIN.

Hé bien ! nous nous déguiserons en femmes, ce sera le *hæc.*

LE BOSTANGI.

En femmes, vous avez raison.

ARLEQUIN.

Vous direz que nous sommes des filles de l'opéra de Congo.

LE BOSTANGI.

De Congo, oui. Ah ! que cela est bien trouvé !

ARLEQUIN.

Et vous nous ferez présenter à la princesse par quelqu'une de ses femmes, si vous en connaissez.

LE BOSTANGI.

Si j'en connais! ah! je vous en réponds! Je vous dirai même... (mais *motus*) qu'il y en a une qui est amoureuse de moi.

AIR n° 37, ou *La bonne aventure, ô gué!*

Elle vient, par les détours
D'une route sûre,
Dans les jardins tous les jours;

Et là...

Nous parlons de nos amours.

ARLEQUIN.

La bonne aventure,
O gué,
La bonne aventure!

LE PRINCE, lui donnant un autre diamant.

Voilà justement la personne qu'il nous faut; donnez-lui de ma part ce brillant, pour la mettre dans nos intérêts.

LE BOSTANGI.

Je suis sûr qu'elle est déjà dans les jardins. Je vais la trouver; vous, allez vous déguiser en femmes.

Le théâtre change, et représente les jardins du sérail.

SCÈNE II.

DILARA, seule.

Mon Bostangi ne paraît point encore. Je
viens le chercher ici tous les jours. Ce n'est
pas Nicolas qui va voir Jeanne, c'est Jeanne
qui va voir Nicolas. Chantons un peu pour
charmer mon impatience.

Air n° 126, ou *O ma bergère, viens seulette.*

Lorsque je viens ici seulette,
    O lon-lan-la,
    Landerira,
J'y trouve l'Amour qui me guette,
    O lon-lan-la,
    Landerirette,
    O lon-lan-la,
    Landerira.

J'y trouve l'Amour qui me guette,
    O lon-lan-la, etc.
D'abord une flèche il me jette,
    O lon-lan-la, etc.

D'abord une flèche il me jette,
    O lon-lan-la, etc.
Il en rit, et puis fait retraite.
    O lon-lan-la, etc.

(Elle regarde de tous côtés.)

Ouais ! je ne le vois point ; qui peut l'ar-
rêter ? Il me semble qu'il commence à ra-
battre de son empressement.

AIR n° 127 , ou *De M. de la Coste.*

Un amant
D'abord est tout charmant ;
Avant nous
Il vole au rendez-vous ;
Mais de notre tendresse
Se lassant bientôt,
Le perfide nous laisse
Croquer le marmot.

SCÈNE III.

DILARA, LE BOSTANGI.

DILARA , sans apercevoir le Bostangi qui l'écoute.

(*même air.*)

Dans le temps,
Hélas ! que je l'attends ,
Qu'en vainqueur,
Il règne dans mon cœur,
Dans ce moment peut-être
De nouveaux appas
Le retiennent , le traître !

LE BOSTANGI , l'abordant.

Ne le croyez pas.

Air n° 128, ou *De quoi vous plaignez-vous?*

De quoi vous plaignez-vous?

DILARA.

Je me plains de ta tendresse :
Tu viens au rendez-vous
D'un air qui sent l'époux.

LE BOSTANGI.

Vous m'offensez, ma princesse.
Ah ! quel injuste courroux !
Je pense à vous sans cesse :
De quoi vous plaignez-vous ?

Air n° 129, ou *Ton humeur est, Catherine.*

Le soleil, qui fond la glace,
N'est pas plus ardent que moi.
Allez, ma belle, de grâce,
Soyez sûre de ma foi.

DILARA.

Je puis donc sur ta constance
Compter ?...

LE BOSTANGI.

Jusques à la mort.

DILARA, lui tendant la main.

Touche là ; cette assurance
Me fait connaître mon tort.

Air n° 28, ou *Allons, gai.*

Je vois que ma colère
Ne sert qu'à m'abuser :

Un amant qui sait plaire,
Sait bientôt s'excuser.

TOUS DEUX.

Allons, gai,
D'un air gai, etc.

DILARA, regardant au doigt du Bostangi.

Air n° 13, ou *Monsieur le prevôt des marchands.*

Que vois-je à ton doigt? quel brillant!

LE BOSTANGI.

Ma reine, c'est un don galant
Que je suis chargé de vous faire
De la part d'un jeune étranger.

DILARA.

A moi?

LE BOSTANGI.

Oui.

DILARA.

Vous êtes d'un bon caractère

LE BOSTANGI.

Oh! mon plaisir est d'obliger.

DILARA.

Je le vois bien. Quoi! un jeune étranger!
beau sans doute?

LE BOSTANGI.

Comme l'Amour.

DILARA.

Bien fait?

LE BOSTANGI.

Fait à peindre... à peu près comme moi.

DILARA.

Vous propose de me présenter de sa part
un diamant, et vous avez la bonté de vous
charger de la commission ?

LE BOSTANGI.

Je n'ai pu m'en défendre.

DILARA.

Air n° 36, ou *De tous les capucins du monde.*

Votre humeur est tout obligeante.

LE BOSTANGI, lui donnant le diamant.

Acceptez-le donc, mon infante.

DILARA, le prenant.

Oui, je le reçois sans façon.
Allez vanter vos bons offices :
Vous êtes un joli garçon
De rendre de pareils services.

LE BOSTANGI.

Oh ! ce n'est pas ce que vous pensez.

(*même air.*)

Je vais dire en deux mots l'affaire...

DILARA, l'interrompant.

C'est vous montrer bien débonnaire.
Oui, des plus commodes maris

Vous possédez la complaisance.
Ah! mariez-vous à Paris,
Vous êtes né pour vivre en France.

LE BOSTANGI.

Vous me feriez enrager. Je vous dis que...

DILARA, l'interrompant encore.

AIR n° 11, ou *Le fameux Diogène.*

Quoi donc, porter soi-même
A la beauté qu'on aime
Les présens d'un rival!

LE BOSTANGI.

Je vous dis...

DILARA.

Point d'excuse.

LE BOSTANGI.

Que je vous désabuse...

DILARA.

C'est être un animal.

LE BOSTANGI.

(*même air.*)

Souffrez que je m'explique...

DILARA.

Voyons sa rhétorique.
Hé bien, explique-toi.
Franchement, je t'admire.
Hé! que pourras-tu dire?

LE BOSTANGI.

Oh! dame, écoutez-moi.
Cet étranger....

DILARA.

Air n° 17, ou *des Trembleurs.*

J'y consens; parle, j'écoute.
Tu vas me dire, sans doute,
Que, pour se faire une route,
Par toi jusqu'à mes appas,
Il t'a fait quelque promesse...

LE BOSTANGI.

Vous parlerez donc sans cesse?...

DILARA.

Que tu sers bien sa tendresse!

LE BOSTANGI.

Hé! que diable, il n'en a pas.

(Avec précipitation.)

Il ne vous aime point; c'est un homme ,
ou plutôt deux étrangers qui meurent d'envie de voir Zélica. Ils vont venir ici dégui-
sés en femmes; ils m'ont fait des présens
pour les introduire dans les jardins, et pour
vous engager à les présenter à la princesse
comme deux filles de l'opéra de Congo; ils
vous offrent par mes mains ce diamant:
entendez-vous à l'heure qu'il est ?

DILARA.

C'est une autre chose! que ne disais-tu cela tout d'un coup?

LE BOSTANGI.

Vous ne m'en avez pas donné le temps.

DILARA.

Pourquoi chercher tant de détours?

LE BOSTANGI.

J'aurai encore tort.

DILARA.

Ne t'accoutumeras-tu jamais à venir d'abord au fait?

LE BOSTANGI.

Vous ne me le permettez pas.

DILARA.

Hé bien! je ferai dès aujourd'hui ce que ces étrangers souhaitent.

AIR n° 26, ou *Et zon, zon, zon, Lisette, ma Lisette.*

Adieu, charmant muguet.

LE BOSTANGI.

Adieu, rose mignonne.

DILARA, en s'en allant.

Adieu, mon gros bouquet.

LE BOSTANGI.

Adieu, belle anémone.
Et zon, zon, zon,

‡ Lisette, la Lisette,
    Et zon, zon, zon,
  Lisette, la Lison.

SCÈNE IV.

LE BOSTANGI, seul.

LES choses sont en bon train ; nos filles d'opéra n'ont plus qu'à venir. J'en vois déjà paraître une.

SCÈNE V.

LE BOSTANGI, ARLEQUIN, en femme.

ARLEQUIN.

Le ciel me garde de malencontre !

LE BOSTANGI.

Où est votre camarade ?

ARLEQUIN.

Il me suit. Me trouvez-vous bien déguisé ?

LE BOSTANGI.

A merveille.

Air n° 52 , ou *Robin, turelure lure.*

De votre déguisement,
Sur ma foi, j'ai bon augure.

ARLEQUIN.

Pour moi, je crains diablement,
Turelure,
La fin de cette aventure,
Robin, turelure lure.

LE BOSTANGI.

Que craignez-vous?

ARLEQUIN.

Je crains les filles du sérail; ce sont des
animaux de haut nez; elles me sentiront,
mon ami.

LE BOSTANGI.

Oh! que non.

ARLEQUIN.

Je les sentirai bien, moi.

Air n° 130, ou *Et vogue la galère.*

Morbleu! dans cette affaire
Fallait-il m'embarquer!

LE BOSTANGI.

Ai-je donc, mon compère,
Moins que vous à risquer?

TOUS DEUX.

Et vogue la galère,
Tant qu'elle, tant qu'elle,
Et vogue la galère
Tant qu'elle pourra voguer.

SCÈNE VI.

LE BOSTANGI, ARLEQUIN, LE VISIR.

ARLEQUIN.

QUE vois-je ?

LE BOSTANGI.

C'est le grand-visir qui se promène dans les jardins.

ARLEQUIN, bas au bostangi.

Il vient à nous. Hoïmé !

LE BOSTANGI.

Qu'importe ? prenez un air qui ne l'attire point.

ARLEQUIN.

Un air effronté ?

LE BOSTANGI.

Non, non ; peste ! cela pique les seigneurs. Prenez plutôt un air de vestale.

LE VISIR, à part, regardant Arlequin qui lui
fait de profondes révérences.

Quelle fille est avec le bostangi ? elle a un air de modestie qui me frappe.

ARLEQUIN, bas au bostangi.

Air n° 18, ou *Lanturlu.*

Comme il m'examine !

LE BOSTANGI.

C'est un grand seigneur.

ARLEQUIN.

Il a bien la mine
D'être un vieux pêcheur.

LE VISIR.

De sa taille fine
Déjà je me sens féru. .

ARLEQUIN.

Lanturlu, lanturlu lanturelu.

LE VISIR, les abordant.

Monsieur le bostangi, voilà une bruuette
qui me paraît avoir de la pudeur.

LE BOSTANGI.

Aussi est-ce une fille d'opéra.

LE VISIR.

Il n'est pas possible !

LE BOSTANGI.

Pardonnez-moi, c'est une actrice de
l'opéra de Congo.

LE VISIR.

La jolie figure ! Ma mignonne, peut-on
vous faire une proposition ? Voulez-vous
que je sois votre amant ?

ARLEQUIN, faisant la fille réservée.

AIR nº 131, ou *Tout amant n'est qu'un imposteur.*

Tout amant n'est qu'un imposteur.

LE VISIR.

AIR nº 132, ou *Oui, je t'aime.*
(*des Rêveries renouvelées des Grecs.*)

Une fille
Si gentille
Pour moi serait un trésor.
Quelle grâce !

ARLEQUIN, bas au bostangi.

Quelle face !
Il a l'air d'un franc butor.

LE VISIR, au bostangi.

(*même air.*)

Que dit-elle ?

LE BOSTANGI, au visir.

La douzelle
Dit que vous êtes flatteur.

LE VISIR, à Arlequin.

Ah ! ma reine,
Quelle aubaine,
Si je gagnais votre cœur !

AIR nº 22, ou *La faridondaine.*

Dans mon sérail dès ce moment
Je vous offre une place.

ARLEQUIN.

Pour ma pudeur quel compliment !

(Le visir veut prendre la main d'Arlequin.)

Oh ! laissez-moi, de grâce.

LE VISIR.

Vous serez mon plus cher tendron.

ARLEQUIN.

La faridondaine,
La faridondon.

LE VISIR.

Et je serai votre mari.

LE BOSTANGI.

Biribi,
A la façon de Barbari,
Mon ami.

ARLEQUIN.

Air n° 133, ou *De Proserpine.*

Non, je ne veux jamais entendre
Parler ni d'amour, ni d'amant.

LE VISIR.

Air n° 98, ou *Allez-vous-en, gens de la noce.*

Je vous serai toujours fidèle.

ARLEQUIN.

Je ne veux point d'engagement.

LE VISIR.

Il vous conviendrait, la belle,
D'avoir un visir pour amant.

ARLEQUIN.

Oh! non, vraiment.
Oh! non, vraiment.

LE VISIR.

Je vous serai toujours fidèle.

ARLEQUIN.

Je ne veux point d'engagement.

LE VISIR, le pressant.

Allons, ma *houri*, sans façon.

ARLEQUIN, comme une fille embarrassée.

Arrêtez-vous donc, petit badin. Oh!
dame, tenez, je n'aime point ces ma-
nières-là.

LE VISIR.

Pour une fille de théâtre, vous êtes bien
réservée.

LE BOSTANGI.

C'est la coutume de Congo.

ARLEQUIN.

Sans doute.

AIR n° 134, ou *On dit que vous aimez les fleurs.*

Les filles de notre opéra
    Sont toutes des plus sages,
Sont toutes des, sont toutes des,
    Sont toutes des plus sages.

LE VISIR.

Quoi! vous n'avez point d'amans?

ARLEQUIN.

Pardonnez-moi.

LE VISIR.

Et ne s'émancipent-ils pas quelquefois
avec vous?

ARLEQUIN, d'un air emporté.

S'émanciper! jour de Dieu! ils n'auraient qu'à y venir.

(air précédent.)

Nos amans, toujours près de nous,
Sont comme des idoles,
Sont comme, etc.

LE VISIR.

Quelle autre fille vient ici?

ARLEQUIN.

C'est ma compagne, seigneur.

LE VISIR.

Encore une fille de l'opéra de Congo?

LE BOSTANGI.

Justement.

SCÈNE VII.

LE VISIR, LE BOSTANGI, ARLEQUIN, LE PRINCE, EN FEMME.

LE PRINCE, saluant le visir.

A VOTRE service, je suis une divinité chantante.

ARLEQUIN.

Et moi, une divinité dansante.

LE VISIR, considérant le prince.

Cette blonde, ma foi, n'est pas mal faite.

SCÈNE VIII.

LE VISIR, LE PRINCE, LE BOSTANGI, ARLEQUIN, DILARA.

DILARA, d'un air empressé.

AIR n° 135, ou *Que faites-vous là?*

Que faites-vous là?
Messieurs, gare! gare!
Voici Zélica,
Je vous le déclare.
Prenez garde à vous.

LE VISIR, fuyant.

Fuyons tous.

LE PRINCE, se moquant.

Tarare.

DILARA.

Prenez garde à vous.

LE BOSTANGI.

Vite sauvons-nous.

ARLEQUIN, voulant aussi s'enfuir.

AIR n° 64, ou *Voici les dragons qui viennent.*

Voici les dragons qui viennent...

Sauve qui peut !

LE PRINCE , l'arrêtant.

AIR n° 19, ou *Je suis encor dans mon printemps.*

Comment donc ! tu veux me quitter ?
Est-ce là ce valet fidèle,
Qui tantôt laissait éclater
Les mouvemens du plus grand zèle ?
Je te vois saisi de frayeur !

ARLEQUIN.

Oui , sur ma foi, je meurs de peur.

LE BOSTANGI, s'en allant.

Adieu. Je vous laisse avec la dame qui doit vous présenter, je me retire. Diantre ! l'esprit est une belle chose.

ARLEQUIN.

Oh ! diable ! il a beaucoup à craindre, lui.

SCÈNE IX.

LE PRINCE, ARLEQUIN, DILARA.

DILARA, au prince.

Air n° 62, ou *Dupont, mon ami.*

O JEUNE étranger,
Quel démon vous presse,
Malgré le danger,
De voir ma maîtresse ?
Fuyez loin de ces jardins.

LE PRINCE.

Belles, ces conseils sont vains.

DILARA.

Zélica ne paraît point ; vous pouvez encore l'éviter.

LE PRINCE.

Je m'en garderai bien.

ARLEQUIN.

Oh ! il n'en démordra pas.

LE PRINCE.

Air n° 6, ou *Guillot auprès de Guillemette.*
Répétez le 2ᵉ et le 4ᵉ vers.

Je crois la princesse adorable ;

ARLEQUIN, à part.

Quel chien d'esprit !

LE PRINCE.

Mais je la crois moins redoutable
Qu'on ne le dit
A parler net, je ne crains rien.

ARLEQUIN , à Dilara.

Il vise aux tours.

DILARA.

Je le vois bien.

LE PRINCE , à Dilara.

Vous, qui la voyez de près , avouez-nous
qu'elle n'est pas si belle qu'on la fait.

DILARA.

O ciel ! que dites-vous ?

AIR n° 4, ou *O reguingué, ô lon lan la.*

De Pallas elle a les beaux yeux ,
De Venus le ris gracieux ;
O reguingué , ô lon lan la ,
Et le vif éclat de jeunesse
D'Hébé.

ARLEQUIN.

Tudieu ! quelle drôlesse !

DILARA.

AIR n° 90 , ou *Les feuillantines.*

De plus elle a le chignon
De Junon.

LE PRINCE , riant.

Il n'est rien de plus mignon.

DILARA.

C'est une Hélène nouvelle.
Qui la voit (*bis*) en a dans l'aile.

ARLEQUIN.

Air n° 39, ou *Dondaine, dondaine.*

Ce portrait me glace d'effroi.   *bis.*

LE PRINCE, riant.

Ha, ha, ha, ha, ha.

Je ris, je me moque de toi,
Dondaine, dondaine.
Oh! je n'ai pas peur, moi,
De cette Hélène.

DILARA.

Vous êtes bien résolu, du moins. Comme
la princesse ne manquera pas de vous faire
chanter, quelle chanson. . . .

LE PRINCE.

La voici.

Air n° 136, ou *Comme les dieux qu'en silence
on adore.*

Comme les dieux qu'en silence on adore
Vous recevez mes vœux;
Ma bouche n'ose encore
Vous découvrir mes secrets amoureux.
Hélas! ce qu'elle n'ose dire
Se peut apprendre dans mes yeux :

Mais, Philis, j'aimerais bien mieux
Que dans mon cœur vous puissiez lire
Comme les dieux.

DILARA.

Fort bien ! je crois que Zélica prendra plaisir à vous entendre. Je la vois qui s'approche. Tenez-vous là, je vais la prévenir.

SCÈNE X.

LE PRINCE, ARLEQUIN.

LE PRINCE.

Enfin nous allons donc voir cet objet si dangereux !

ARLEQUIN, se cachant derrière le prince.

Pour moi, je vais fermer les yeux.

LE PRINCE.

Air n° 41, ou *Sous un ciel pur et sans nuage.*
(*Ninon chez madame de Sévigné.*)

Pauvre esprit, ta frayeur augmente.

ARLEQUIN.

Je voudrais être dans un trou.
Pour n'avoir vu qu'une suivante,
Déjà je suis à demi-fou.

SCÈNE XI.

LE PRINCE, ARLEQUIN, DILARA, ZÉLICA, ET SA SUITE.

D'abord trois esclaves blanches et trois noires paraissent, et s'avancent en dansant. Ensuite deux autres esclaves marchent devant la princesse, qui s'appuie sur deux esclaves favorites. Pendant toute cette scène Arlequin fait plusieurs *lazzis* pour ne pas voir Zélica.

DILARA, à la princesse.

Air n° 137, ou *N'avez-vous pas vu l'horloge.*

> Entendez-vous le langage
> Des oiseaux de ces beaux lieux ?
> Ils chantent par leur ramage
> La puissance de vos yeux,
> Et vous rendent même hommage
> Qu'au brillant flambeau des cieux.

ZÉLICA.

Air n° 138, ou *Cessez de vanter mes charmes.*

> Cessez de vanter mes charmes ;
> Ce sont de funestes vainqueurs :
> Ils ont coûté trop de larmes.
> Du ciel je loûrais les faveurs,
> Si par de douces alarmes
> Je troublais seulement les cœurs.
> Cessez de vanter mes charmes ;
> Ce sont de funestes vainqueurs.

(On danse.)

DILARA , montrant le prince et Arlequin.

Princesse , vous voyez les filles dont je viens de vous parler.

ZÉLICA.

Voyons ce qu'elles savent faire.

LE PRINCE , déjà troublé , s'avance , et chante.

AIR n° 159, ou *Comme les dieux qu'en silence on adore.*

Comme les dieux , qu'en silence on adore,
Vous recevez mes vœux.
Ma bouche n'ose encore
Vous découvrir mes secrets amoureux.

(Son esprit s'égare.)

Mais le soleil.... que l'on admire,
Et la lune... qui brille dans vos yeux,
Font que tout le céleste empire
Charme les dieux.

DILARA , à part.

Le voilà devenu fou.

ARLEQUIN.

C'en est fait.

ZÉLICA.

Quel galimatias ! Ciel ! il faut que ce soit un homme déguisé. Ah !

Zélica se retire avec précipitation , et toutes ses esclaves la suivent en criant comme elle : *Ah !*

SCÈNE XII.

LE PRINCE, ARLEQUIN.

ARLEQUIN, regardant le prince.

Vous l'avez voulu, George Dandin, vous l'avez voulu.

LE PRINCE, regardant Arlequin, et soupirant.

Ah! ah!

ARLEQUIN, contrefaisant le prince lorsqu'il a chanté.

Et la lune.....

Voilà un joli garçon présentement.

AIR n° 39, ou *Dondaine, dondaine.*

Riez encore de mon effroi;   *bis.*
Dites: Je me moque de toi,
Dondaine, dondaine,
Oh! je n'ai pas peur, moi,
De cette Hélène.

LE PRINCE, regardant tendrement Arlequin, et le prenant pour la princesse.

Ah! charmante Zélica!

ARLEQUIN.

Moi, Zélica! Voici bien une autre histoire.

LE PRINCE.

Air n° 24, ou *Réveillez-vous, belle endormie.*

Si vos beaux yeux méditaient ma défaite,
Vous me voyez à leur pouvoir soumis,
Beauté parfaite...

ARLEQUIN.

Beauté parfaite, moi ! Maudite princesse !

LE PRINCE.

Air n° 140, ou *D'une main je tiens mon pot.*

Je veux jusqu'au trépas
Adorer vos appas...

(Il rêve, et s'attendrissant.)

Fin de l'Air n° 141, ou fin de l'Air, *Il faut que je file, file.*

Le flambeau même du monde
Est moins brillant que vos yeux.

ARLEQUIN, pleurant.

Ahiouf!

(Le prince tombe dans une profonde rêverie.)

SCÈNE XIII.

LE PRINCE, ARLEQUIN, LE BOSTANGI.

LE BOSTANGI, à Arlequin.

Qu'y a-t-il ? Pourquoi pleurez-vous?

ARLEQUIN.

Eh ! monsieur bostangi, il vient d'arriver
un grand malheur par un accident.

LE BOSTANGI.

AIR n° 45 , ou *Monsieur La Palisse est mort.*

Hélas ! je devine, ami,
Le sujet de ta tristesse !

ARLEQUIN.

Pleurons, mon cher bostangi ;
Mon maître a vu la princesse.

LE BOSTANGI.

Je le lui avais bien dit. Il voulait voir
Zélica.

(Il pleure.)

(air précédent.)

Ciel ! il en a tout le soûl ;
Il a contenté sa rage.

ARLEQUIN, pleurant.

Hélas ! s'il n'était pas fou ,
Il serait encore sage.

Vous voyez comme il est préoccupé.

LE BOSTANGI, au prince.

Allons , monsieur , revenez de votre
étourdissement, ce ne sera peut-être rien.

Air n° 142, ou *Ah ! Thomas, réveille-toi.*

Ah ! Thomas, réveille, réveille,
Ah ! Thomas, réveille-toi.

LE PRINCE, sortant de sa rêverie, et prenant toujours Arlequin pour la princesse.

Adorable princesse !

LE BOSTANGI, à Arlequin.

Air n° 16, ou *Je reviendrai demain au soir.*

Quoi ! pour la princesse il vous prend !
Il en tient diablement.   *bis.*

ARLEQUIN.

Je suis dans un grand embarras :
Que vais-je faire, hélas !   *bis.*

LE BOSTANGI.

Malheureux jeune homme !

LE PRINCE, tombant aux genoux d'Arlequin.

Air n° 118, ou *Dans un bois solitaire et sombre.*

Laissez-moi, divine princesse,
Mourir d'amour à vos genoux...

(Il tombe en faiblesse.)

LE BOSTANGI.

O ciel ! il s'évanouit !

ARLEQUIN.

Aiuto !

LE BOSTANGI.

Emportons-le dans ma maison.

ARLEQUIN.

Du vinaigre ! de l'ellébore !

Arlequin et le bostangi relèvent le prince
et l'emportent.

ACTE TROISIÈME.

Lᴇ théâtre représente le palais du sultan.

SCÈNE I.

LE SULTAN, LE VISIR.

LE SULTAN.

A-ᴛ-ᴏɴ envoyé chercher le bostangi et les deux étrangers ?

LE VISIR.

Oui , seigneur.

LE SULTAN.

Aɪʀ n° 3 , ou *Je l'ai planté, je l'ai vu naître.*

O ciel ! quelle insolence extrême !
Je veux entendre Dilara ;
Je vais l'interroger moi-même.

LE VISIR.

Elle va venir. La voilà.

SCÈNE II.

LE SULTAN, LE VISIR, DILARA.

LE SULTAN , bas au visir.

Aɪʀ n° 41 , ou *Sous un ciel pur et sans nuage.*
(de Ninon chez madame de Sévigné.)

Jᴇ prétends de cette aventure

Qu'elle ne me déguise rien.
(à Dilara.)

Avancez.

DILARA, à part.

Hélas! je n'augure
Rien de bon de cet entretien.
LE SULTAN, bas au visir.

(même air.)

Je m'aperçois qu'elle se trouble.
LE VISIR, bas au sultan.
Je m'en aperçois bien aussi.

LE SULTAN, à Dilara.

Approchez.

DILARA, à part.

Ma frayeur redouble.
Je voudrais être loin d'ici.

LE SULTAN, bas, au visir.

AIR n° 12, ou *Réveillez-vous, belle endormie.*

Son air me fait assez connaître
Que l'on m'a dit la vérité.

DILARA, s'inclinant d'un air respectueux.

Que veut mon souverain, mon maître?

LE SULTAN.

Je veux de la sincérité.

AIR n° 42, ou *Jupiter, prête-moi ta foudre.*

On dit que devant la princesse
Un homme, en femme travesti,

A tantôt eu la hardiesse
De se montrer. M'a-t-on menti?

DILARA, soupirant.

Ouf!

LE SULTAN.

(même air.)

Vous avez eu, dit-on, l'audace
Vous-même, de le présenter.

DILARA, à part.

Je sens que tout mon sang se glace.
(haut.)
Seigneur...

LE SULTAN.

Parlez sans hésiter.

DILARA.

AIR n° 10, ou *Ne m'entendez-vous pas?*

Je n'ai point présenté
D'homme, je vous assure.
Voulez-vous que j'en jure?

LE SULTAN.

Ah! quel trait effronté!

DILARA.

Oh! c'est la vérité!

LE SULTAN.

AIR n° 17, ou *Des trembleurs.*

Quoi! tu mens en ma présence,
Sans redouter ma vengeance!

Juste ciel ! quelle impudence !
Ah ! tu mérites la mort.

(Il tire son sabre.)

DILARA, pousse un grand cri.

Ahi !

Calmez donc votre colère.
Puisqu'il faut être sincère,
Attendez, je vais vous faire
Un très-fidèle rapport.

LE SULTAN.

Tu prends le bon parti.

DILARA.

Oui ; mais faisons nos conditions. Me
pardonnerez - vous aussi , si je vous dis
tout ?

LE SULTAN.

Je te le promets.

DILARA.

Air n° 46 , ou *de Joconde.*

Je vais donc naturellement
Vous conter l'aventure ;
Mais rengaînez dans le moment
Ce fer, je vous conjure ;
Il me fait peur.

LE SULTAN.

Hé ! que crains-tu ?
Je t'ai promis ta grâce.

DILARA.

Quand je vois un coutelas nu,
Ma langue s'embarrasse.

LE SULTAN, rengaînant.

Voilà bien des façons.

DILARA.

AIR nº 19, ou *Je suis encor dans mon printemps.*
(*d'Une Folie.*)

Vous saurez que deux étrangers,
Souhaitant de voir la princesse,
Au mépris de tous les dangers,
Ont si bien fait par leur adresse,
Qu'ils ont gagné le bostangi.

LE SULTAN.

Qui vous a su séduire aussi ?

DILARA.

AIR nº 12, ou *Réveillez-vous, belle endormie.*

Seigneur, vous venez de le dire.

LE SULTAN.

Sachez que rien ne m'est caché.
Corrigez-vous ; qu'on se retire.

DILARA, à part, s'en allant.

M'en voilà quitte à bon marché.

SCÈNE III.

LE SULTAN, LE VISIR, LE BOSTANGI, LE PRINCE, ARLEQUIN, GARDES.

LE VISIR.

Seigneur, voici les coupables qu'on vous amène.

LE SULTAN.

Ah! misérables! vous serez punis.

Air n° 74, ou *Jardinier, ne vois-tu pas.*

Allons, sans perdre de temps,
  Qu'avec ignominie
On traite ces garnemens,
Qu'ils perdent dans les tourmens
  La vie, la vie, la vie.

ARLEQUIN et LE BOSTANGI, se mettant à genoux devant le sultan.

(*même air.*)

Nous demandons à genoux
Pardon de notre audace.

LE SULTAN.

Non, non, qu'on les pende tous.

ARLEQUIN et LE BOSTANGI.

Seigneur, n'est-il point pour nous
De grâce, de grâce, de grâce?

LE SULTAN.

Non, point de quartier.

LE BOSTANGI.

Par le temple de la Mecque.

ARLEQUIN.

Par la barbe de Mahomet.

LE SULTAN.

Prières inutiles. Gardes, qu'on les sai-
sisse.

ARLEQUIN, montrant le prince, à qui sa folie cache
le péril où il est.

Mon prince ! mon cher prince !

Air nº 18, ou *Lanturlu.*

O fortune adverse !
Voilà de tes coups ;
Sur moi seul exerce
Ton maudit courroux.
Du grand roi de Perse
Le fils sera donc pendu !
Lanturlu, lanturlu, lanturlu.

LE SULTAN.

Comment, le fils du roi de Perse !

ARLEQUIN.

Sans doute ; vous voyez le prince de Perse
dans mon camarade.

LE SULTAN.

Qu'entends-je ?

LE BOSTANGI.

Et un fils unique, encore.

LE SULTAN.

Qu'allais-je faire !

ARLEQUIN, se relevant.

Cela change bien la thèse, n'est-ce pas ?

LE SULTAN.

Assurément.

ARLEQUIN, se carrant.

Nous ne sommes pas des canailes, comme vous voyez.

LE SULTAN.

Air n° 143, ou *Nous sommes précepteurs d'amour.*

Je me sens touché de son sort ;
J'ai perdu toute ma colère :
Au lieu de lui donner la mort,
Je veux lui tenir lieu de père.

Mais voyons s'il est effectivement devenu fou.

LE BOSTANGI.

C'est une affaire toisée.

LE SULTAN.

Ah ! prince infortuné ! quel mauvais génie vous a poussé à voir Zélica ?

LE PRINCE , comme se réveillant en sursaut.

Zélica !

AIR n° 144, ou *Pata, pata, patapon.*

Au son de ce nom charmant
Je sens que mon cœur se réveille...
Non, non,
Il n'est point de si joli nom
Que celui...
Olire, olire,
Ma princesse, olire, ola,

ARLEQUIN, au sultan.

Vous l'entendez.

LE BOSTANGI.

AIR n° 92, ou *Amis, sans regretter Paris.*

Vous jugez bien, par ce qu'il dit,
Qu'il n'est pas raisonnable.

LE SULTAN.

Hélas ! il a perdu l'esprit.
Rien n'est plus véritable.

Quel dommage !

LE PRINCE.

AIR n° 145, *On dit que vos parens.*

Amour, rend Zélica sensible à ma tendresse ;
Enflamme pour jamais ce chef-d'œuvre des cieux.

(Il se met à rire.)

Ha, ha, ha, ha, ha.

Air n° 146, ou *Ah ! Philis, je vous vis.*

Ah ! Philis, je vous vis, je vous aime ;
Si je vous ai, je vous aimerai tant.

LE SULTAN.

Air n° 147, ou *C'tia qu'a pincé Berg-op-Zoom.*

Ah ! pour le guérir je prétends
Employer tous les charlatans,
Epuiser toute la chimie.

ARLEQUIN.

Vous augmenterez sa folie.

LE SULTAN.

Air n° 36, ou *De tous les capucins du monde.*

Vous, visir, allez dans la ville
Chercher quelque docteur habile.

LE VISIR.

J'en sais un d'un savoir profond,
Pour qui rien n'est impénétrable,
A qui l'enfer même répond.

LE SULTAN.

Je veux voir cet homme admirable.

LE VISIR, sortant.

Je vais vous l'amener.

SCÈNE IV.

LE SULTAN, LE PRINCE, LE BOSTANGI, ARLEQUIN.

LE SULTAN , au prince.

PRINCE, il ne tiendra pas à moi du moins que les vapeurs qui troublent votre cerveau ne soient bientôt dissipées.

LE PRINCE , au sultan , le prenant pour Zélica.

AIR n° 148, ou *Les fanatiques que je crains.*

Oui, vos beaux yeux doux et brillans
M'ont mis dans l'esclavage. . .

(*Il change d'air.*)

AIR n° 149, ou *Si la jeune Annette.*

Ah ! belle princesse,
Qu'il me serait doux
De pouvoir sans cesse
Tomber à vos genoux !

(*Il change encore d'air , et danse.*)

Refrain de l'air n° 85 , ou *Tout le long de la rivière.*

Tout le long de la rivière .
Laire,
Lon lan la ,
Tout le long de la rivière,
Ah ! qu'il fait bon là !

LE SULTAN.

J'en ai pitié.

LE BOSTANGI.

Le pauvre garçon !

ARLEQUIN.

Le cœur me crève.

LE SULTAN.

Allez. Conduisez - le tous deux à mon appartement.

(Le bostangi et Arlequin emmènent le prince.)

SCÈNE V.

LE SULTAN, seul.

Air nº 12, ou *Réveillez-vous, belle endormie.*

Que je me sens d'impatience
De voir ce malade guéri !
Un si beau prince ! Ah ! quand j'y pense,
J'en ai le cœur tout attendri.

SCÈNE VI.

LE SULTAN, LE VISIR, UN BRACMANE,
tenant un gros livre sous son bras.

LE VISIR.

Seigneur, en sortant du palais, j'ai rencontré le docteur dont je vous ai parlé. Le voici. C'est un Indien, un bracmane des plus habiles.

LE SULTAN.

Air n° 25, ou *Si vous sentez dans vos âmes.*

Approchez, bracmane habile.
J'attends de vous aujourd'hui
Une chose difficile.

LE VISIR.

Rien, seigneur, ne l'est pour lui.

LE SULTAN.

Air n° 100, ou *Malgré l'éclat de l'opulence.*
(Jeannot et Colin.)
Ajoutez une syllabe au premier vers.

Je ne sais si la nature
Pourra vous offrir un secret,
Pour guérir...

LE BRACMANE.

On m'a mis au fait :
Je vous réponds de cette cure.

LE SULTAN.

Vous croyez...

LE BRACMANE.

On m'a mis au fait ;
Je vous réponds de cette cure.

LE SULTAN.

Serait-il bien possible...

LE BRACMANE.

Oui ; mais,

AIR n° 2, ou *En vain la fortune ennemie.*

Il faut que le sultan consente
A faire ce que je voudrai.

LE SULTAN.

Docteur, à tout je souscrirai :
Remplis donc mon attente.

Viens voir le malade. Suis-moi.

SCÈNE VII.

DILARA, ARLEQUIN.

ARLEQUIN , sortant de la chambre où est le prince.

AIR n° 40, ou *Or écoutez, petits et grands.*

CIEL, protecteur de l'orphelin,
N'abandonnez pas Arlequin.
On voit à chaque instant s'accraître
L'extravagance de mon maître ;
Je le perdrai bientôt, hélas !

(*Il pleure.*)

DILARA.

Mon cher enfant, ne pleurez pas.

(*même air.*)

On dit qu'il vient un médecin...

ARLEQUIN.

Dites plutôt un assassin.
Cher prince, c'est fait de ta vie.
Je connais ces messieurs, ma mie.

DILARA.

Oh ! des médecins c'est la fleur.

ARLEQUIN.

Fi-donc ! au diable le meilleur !

DILARA.

Ce n'est pas un docteur ordinaire ; c'est un bracmane indien.

ARLEQUIN.

Un... Comment dites-vous cela ?

DILARA.

Un bracmane.

ARLEQUIN.

Un braque... C'est un chien de chasse qu'un braque.

DILARA.

Je ne vous dis pas un braque, je vous dis un bracmane.

ARLEQUIN, riant.

Un bricmac... un bracmane.

DILARA.

Oui, un bracmane, un grand docteur.

ARLEQUIN.

C'est donc un habile homme qu'un bracmane ?

DILARA.

Assurément.

ARLEQUIN.

Et vous en servez-vous quand vous êtes
malade ?

DILARA.

Le voici. Je me retire.

SCÈNE VIII.

LE SULTAN, LE BRACMANE, ARLEQUIN.

LE BRACMANE, au sultan.

AIR n° 76, ou *Rendez-moi mon écuelle de bois.*

Vous pouvez compter que voilà
Cette affaire finie ;
Il ne faut faire pour cela
Qu'une cérémonie.

LE SULTAN.

Allons, docteur, préparez-la
Promptement, je vous prie.

(Le sultan rentre dans la chambre où est le prince.)

SCÈNE IX.

LE BRACMANE, ARLEQUIN.

TOUTE cette scène est de tête, et ne consiste que
dans un jeu de théâtre. Arlequin dit au bracmane
qu'il veut lui rendre un service, et en même temps

il lui ôte de la barbe quelque chose qu'il met à terre
et qu'il écrase comme si c'était une punaise. Après ce
lazzi, le sultan revient.

SCÈNE X.

LE SULTAN, LE BRACMANE, LE VISIR, ARLEQUIN.

LE SULTAN.

Hé bien, docteur, tout est-il préparé ?

LE BRACMANE.

Seigneur, je n'ai besoin que du grand-
prêtre pour commencer la cérémonie.

LE SULTAN, au visir.

Visir, qu'on le fasse venir.

(Le visir sort.)

LE BRACMANE.

Comme il s'agit de chasser le démon fou
qui possède le prince, il faut pour cela im-
plorer le secours du dieu de l'hymenée.

LE SULTAN.

Du dieu de l'hyménée !

LE BRACMANE.

Oui. Ce n'est qu'en mariant le prince
avec l'objet qui trouble sa raison qu'on
peut le guérir. Vous verrez

> Par là sa fureur se calmer :
> Ah! son mal ne vient que d'aimer.
> L'amour cessera d'enflammer
>   Si vivement son âme.
> Ah! son mal ne vient que d'aimer;
>   Il lui faut une femme.

ARLEQUIN.

Le grand médecin !

LE SULTAN.

Hé bien, soit. Voyons ce que le mariage opérera. J'aperçois déjà le grand-prêtre. Qu'on fasse venir le prince et ma fille.

SCÈNE XI.

LE SULTAN, LE BRACMANE, ARLEQUIN, LE GRAND-PRÊTRE ET SA SUITE.

LE BRACMANE, au sultan.

SEIGNEUR, permettez - moi de parler en particulier au grand-prêtre.

Le sultan lui fait signe de la tête qu'il y consent. Alors le bracmane s'approche du grand-prêtre, lui parle à l'oreille, lui fait voir quelques endroits de son livre, et tout cela comiquement. Cette scène muette est interrompue par l'arrivée du prince et de Zélica. Le prince est conduit par le bostaugi, et la princesse s'appuie sur Dilara.

SCÈNE XII.

LE SULTAN, LE BRACMANE, LE GRAND-PRÊTRE ET SA SUITE, **ARLEQUIN, LE PRINCE, ZÉLICA, LE BOSTANGI, DILARA.**

ARLEQUIN , *apercevant la princesse, dit, tout épouvanté.*

Voici la princesse. Gare ! gare !

DILARA , *à Arlequin.*

Oh ! ne craignez rien, on l'a voilée.

LE BOSTANGI.

De peur qu'elle n'enflammât le grand-prêtre et sa suite.

ARLEQUIN.

On a bien fait. Diable ! c'est une matière bien combustible.

(On dresse un autel.)

Le prince et la princesse y sont conduits. Le grand-prêtre prend la main du prince et la met dans celle de Zélica ; et, pendant qu'il chante le couplet suivant, le bracmane, à terre devant l'autel, fait des contorsions de magicien qui donnent du jeu à Arlequin.

LE GRAND-PRÊTRE.

Air n° 70, ou *Daigne écouter l'amant fidèle
et tendre.*

Hymen, guéris l'amoureuse folie
De ce mortel privé de jugement;
Fais ton effet, que ta chaîne le lie;
Sers d'ellébore, Hymen, à cet amant.

LE BRACMANE, se relevant.

Les voilà mariés. De la joie! de la joie!
le prince est guéri.

LE SULTAN.

Quoi! déjà!

LE BRACMANE.

Jugez-en vous-même.

LE PRINCE fait connaître par ses gestes qu'il est
rentré dans son bon sens; et, se jetant aux pieds
du sultan, il lui dit :

Air n° 2, ou *En vain la fortune ennemie.*

Pénétré de reconnaissance,
Seigneur, j'embrasse vos genoux.
Ah! sans vos bontés...

LE SULTAN.

Levez-vous.
Il n'est plus en démence !

(même air.)

Vous avez donc repris l'usage
De votre bon sens?

LE PRINCE.

Oui, seigneur,
Je suis guéri.

LE SULTAN.

Ciel! quel bonheur!

ARLEQUIN.

Comment diable! il est sage!

Vivent les bracmanes !

Arlequin saute au cou du bracmane; il embrasse
ensuite son maître, puis le sultan, qui embrasse à
son tour le prince.

LE PRINCE, au sultan.

AIR n° 151, ou *Le joli, belle meunière.*

Vous avez de la princesse
Joint le sort au mien......

LE SULTAN.

Que l'on célèbre sans cesse
Cet heureux lien :
Il regarde, il intéresse
Tout Carizmien.

CHOEUR de la suite du grand-prêtre.

Il regarde, il intéresse
Tout Carizmien.

LE PRINCE, au sultan.

AIR n° 152, ou *L'an mille sept cent vingt et neuf.*
(ou *Je suis enfin résolu.*)

Des nœuds si charmans, seigneur,
Vont faire tout mon bonheur,

(Se tournant vers la princesse.)

Si Zélica, si ma reine
N'en gémit point en secret.

ZÉLICA.

Ah ! j'ai trop plaint votre peine
Pour me donner à regret.

LE SULTAN.

Air n° 47, ou *Lon lan la, derirette.*

O l'agréable changement !
Il a repris le jugement,
    Lon lan la , derirette.

ARLEQUIN.

L'hymen fait ces prodiges-là ,
    Lon lan la , derira.

Io, hymen !

CHŒUR.

Air n° 153 , ou *Dieux ! vengez mes malheurs.*

    Io, hymen , hymen , *io*
    Io, hymen , hymen , *io.*

(On danse.)

VAUDEVILLE.

Premier couplet.

LE GRAND-PRÊTRE.

Dieu des époux
Tu guéris les amans fous.   } *bis*
Fontaine de sapience,

Ton admirable eau
Ote à l'amour sa violence.
Io, hymen, hymen, *io.*

CHOEUR.

Io, hymen, etc.

Second couplet.

DILARA.

Au freluquet
L'amour donne du caquet : } *bis*
Mais, loin d'étourdir sa belle,
Il ne dit plus mot
Dès qu'il voit son épouse en elle.
Io, hymen, hymen, *io.*

CHOEUR.

Io, hymen, etc.

Troisième couplet.

LE BOSTANGI.

Lucas amant
Dormait à peine un moment ; } *bis*
Mais, depuis que l'hyménée
L'a joint à Margot,
Il dort la grasse matinée.
Io, hymen, hymen, *io,*

CHOEUR.

Io, hymen, etc.

Quatrième couplet.

ARLEQUIN.

En galopant,
Un jeune cheval fringant } *bis*

Va toute la matinée;
Mais il va le trot...

DILARA.

Dites le pas l'après-dînée.
Io, hymen, hymen, *io.*

CHOEUR.

Io, hymen, etc.

Cinquième couplet.

DILARA.

Fait-on l'amour,
On vous nomme, astre du jour; } *bis*
Mais quand les noces sont faites,
Le godelureau
Nous donne d'autres épithètes.
Io, hymen, hymen, *io.*

CHOEUR.

Io, hymen, etc.

Sixième couplet.

ARLEQUIN.

Quand dans nos jeux
On donne un ouvrage heureux, } *bis*
Chez nous le monde foisonne,
Tant qu'il est nouveau;
Est il vieux, on nous abandonne.
Io, hymen, hymen, *io.*

CHOEUR.

Io, hymen, etc.

FIN DU TROISIÈME ET DERNIER ACTE.

LES FUNÉRAILLES
DE LA FOIRE.

PIÈCE EN UN ACTE,

Représentée sur le théâtre du Palais-Royal, par ordre
de S. A. R. Madame, le jeudi 6 octobre 1718.

PERSONNAGES.

LA FOIRE, Pierrot.

L'OPÉRA, Arlequin.

LA COMEDIE française.

LA COMÉDIE italienne.

LE DOCTEUR.

SCARAMOUCHE.

MEZZETIN.

COLOMBINE.

M. VAUDEVILLE, poëte de l'Opéra-comique.

M. CRAQUET, médecin.

M. BONTOUR, notaire.

SUIVANS DES DEUX COMÉDIES.

TROUPE D'ACTEURS FORAINS.

La scène est dans la salle de l'Opéra-comique.

LES FUNÉRAILLES

DE LA FOIRE.[*]

Le théâtre représente la salle de l'Opéra-comique.

SCÈNE I.

LA FOIRE, SCARAMOUCHE, MEZZETIN.

SCARAMOUCHE.

Pourquoi depuis huit jours êtes - vous plongée dans la mélancolie ?

LA FOIRE , soupirant.

Ouf!

MEZZETIN.

Vous soupirez ?

[*] Cette pièce fut faite sur le bruit qui courut, à la fin de la Foire Saint Laurent 1718, qu'il n'y aurait plus d'Opéra comique. Et comme S. A. R. Madame la voulut voir représenter , on la fit jouer devant elle au Palais-Royal. (*Note de l'aut.*)
Cette pièce fut représentée à la Foire Saint-Laurent le 1er septembre 1721.

SCARAMOUCHE.

A peine daignez-vous regarder vos plus
chers enfans.

LA FOIRE, soupirant encore.

Ahi !

MEZZETIN.

AIR n° 3, ou *Je l'ai planté, je l'ai vu naître.*

Hé ! d'où vous vient cette humeur noire
Quand tout succède à vos désirs ?
Dites-nous, madame la Foire,
Quels sont vos secrets déplaisirs.

LA FOIRE.

AIR n° 154, ou *Bon soir, ma douce et belle amie.*

Hélas !

MEZZETIN.

Parlez sans vous contraindre.
N'augmentez point nos terreurs.

LA FOIRE.

Ah ! vous avez sujet de craindre !
C'est pour vous que je verse des pleurs.

SCARAMOUCHE.

AIR n° 31, ou *des Folies d'Espagne.*

Quoi ! c'est pour nous que votre cœur soupire !

LA FOIRE.

Oui, mes amis, vous faites mon tourment.
Je suis bien mal ; et s'il faut vous le dire,
Enfin je touche à mon dernier moment.

MEZZETIN.

Ciel! qu'entends-je!

SCARAMOUCHE.

Que dites-vous ?

MEZZETIN.

Air n° 155   ou *Au clair de la lune.*

Comment, votre vie
Va finir son cours !

SCARAMOUCHE.

Quelle maladie
Menace vos jours ?

LA FOIRE.

Le mal qui me ronge,
Et qui me détruit,
Est l'effet d'un songe
Que j'eus l'autre nuit.

MEZZETIN.

Sachons ce que c'est.

SCARAMOUCHE.

Contez-le nous.

LA FOIRE.

Air n° 156, ou *Vous me grondez d'un ton sévère.*

J'aperçus les deux Comédies (*)
Qui vinrent me charger de coups ;

(*) La Comédie française et la Comédie italienne.

Puis sous la forme de deux loups
Je vis tout à coup ces furies
Qui s'apprêtaient à me manger.
Je me réveille en ce danger.

Mais, à mon réveil, je me suis sentie saisie d'un mal réel, qui n'a fait qu'augmenter depuis ce temps-là.

SCARAMOUCHE.

Vous devriez appeler des médecins.

LA FOIRE.

J'en ai déjà consulté deux, qui m'ont abandonnée. J'en attends un troisième, dont on m'a vanté la capacité; c'est ce fameux M. Craquet, qui demeure dans la rue des Fossoyeurs (*).

MEZZETIN.

Le voilà, sans doute.

LA FOIRE.

Apparemment.

(*) Dans *Crispin rival*, scène VII (voy. tom. 1er du *Théâtre*), Lesage avait déjà parlé de « M. Craquet, médecin dans la rue du Sépulcre. »

SCÈNE II.

**LA FOIRE, MEZZETIN, SCARAMOUCHE,
M. CRAQUET, MÉDECIN.**

M. CRAQUET, à la Foire.

MADAME, on m'est venu chercher de votre part ; et, à vous voir seulement, je juge que ce n'est pas sans raison.

SCARAMOUCHE.

Vous êtes bien pénétrant !

M. CRAQUET.

Apprenez, mon ami, que la pénétration est héréditaire dans notre famille. J'ai, par exemple, un frère procureur en Normandie, qui sur l'étiquette d'un sac vous ferait le rapport d'un procès.

LA FOIRE.

Quoi ! vous connaîtriez déjà mon mal !

M. CRAQUET.

AIR n° 36, ou *De tous les capucins du monde.*

Je découvre dans la machine
Les maux avant leur origine.

MEZZETIN.

Parbleu ! docteur, j'en suis surpris.
Hippocrate eut moins de doctrine.

LA FOIRE.

Vous n'avez donc point à Paris
Fait votre cours de médecine ?

M. CRAQUET.

Oh ! pour cela, non ; je suis de la faculté
de Montpellier. Çà , donnez-moi un peu
votre bras.

(Après lui avoir tâté le pouls.)

Hom ! voilà un pouls qui menace ruine !

SCARAMOUCHE.

Tubleu ! quel docteur !

MEZZETIN.

Malepeste ! que dit-il ?

M. CRAQUET.

Je devine la cause de votre maladie.

Air n° 19, ou *Je suis encor dans mon printemps.*

Dans votre enfance , je vois bien
Que vous viviez de grosse viande.

LA FOIRE.

Monsieur, pour ne vous cacher rien,
D'abord je n'étais pas friande ;
Mais à présent à mes repas
Il me faut des mets délicats.

M. CRAQUET.

Justement. A mesure que votre nourriture a été moins grossière, vous n'avez pas joui d'une parfaite santé, n'est-ce pas ?

LA FOIRE.

Oh ! vraiment, non. J'ai été attaquée plusieurs fois de maladies assez violentes.

Air n° 143, ou *Nous sommes précepteurs d'amour*.

> J'ai souffert cent mille tourmens :
> J'ai cru que j'en deviendrais folle ;
> Et, malgré les médicamens,
> J'ai souvent perdu la parole (*).

MEZZETIN.

Nous l'avons bien des fois tenue pour morte.

SCARAMOUCHE.

Les fréquentes saignées (**) l'ont sauvée.

LA FOIRE.

Oui ; mais elles m'ont diablement affai- blie.

M. CRAQUET.

M'y voilà. Ce sont les viandes délicates qui vous ont perdue ; elles ont causé de mauvaises humeurs, qui ont peu à peu

(*) *Voyez* la *Notice sur Lesage*, en tête du *Diable boiteux* pages xxiv, xxv, etc.
(**) Les rétributions payées à l'Opéra.

ruiné votre tempérament. En un mot, il ne fallait point changer vos premiers alimens ; vous ne seriez pas, comme vous l'êtes, un corps confisqué.

LA FOIRE.

Air n° 80, ou *Qu'auprès d'un jeune homme on étale.*

Avec toute votre science,
Vous me laissez sans espérance.

MEZZETIN, à M. Craquet.

Du trépas si vous la sauvez,
Vous allez vous couvrir de gloire.

M. CRAQUET.

Je ne le puis.

SCARAMOUCHE.

Quoi ! vous n'avez
Point de remède pour la Foire?

M. CRAQUET.

Air n° 157, ou *Adieu, paniers, vendanges sont faites.*

J'offrirais en vain mes recettes,
Tous mes soins seraient superflus.
Dans vos jeux on ne rira plus :
Adieu, paniers, vendanges sont faites.

Ne songez qu'à mettre ordre à vos affaires.

(Il sort.)

SCÈNE III.

LA FOIRE, SCARAMOUCHE, MEZZETIN.

(Scaramouche et Mezzetin pleurent.)

MEZZETIN.

Air n° 158, ou *Des Triolets.*

Notre malheur est donc certain !
Nous allons perdre notre mère.

SCARAMOUCHE.

Que ferons-nous, cher Mezzetin ?

MEZZETIN.

Notre malheur est donc certain !

LA FOIRE.

Je veux vous ménager du pain
Par un testament salutaire.

SCARAMOUCHE.

Notre malheur est donc certain !

LA FOIRE, à Mezzetin.

Allez me chercher un notaire.

Vous, Scaramouche, en allant chez mon cousin l'Opéra, passez chez les Comédies française et italienne. Dites-leur que je les prie de se rendre ici tout à l'heure ; je veux, avant que de mourir, me réconcilier avec ces deux ennemies.

(Scaramouche et Mezzetin sortent.)

SCÈNE IV.

LA FOIRE, M. VAUDEVILLE, POÈTE.

M. VAUDEVILLE.

Air n° 28, ou *Allons, gai, d'un air gai.*

Ayez l'âme contente ;
J'apporte ici, maman,
Une pièce brillante.....
Ma foi, c'est du nanan.
Allons, gai,
D'un air gai, etc.

LA FOIRE, soupirant.

Ah !

M. VAUDEVILLE, lui montrant un cahier.

Air n° 111, ou *De Paris jusqu'au Mississipi.*

Ma pièce enlèvera tous les cœurs,
Charmera Paris, malgré les censeurs.
Ce n'est point un morceau de farceurs.
J'y fais triompher surtout vos danseurs.
Bonne musique,
Fine critique,
Le tout y pique,
Et flatte le goût des vrais connaisseurs.

LA FOIRE.

C'est de la moutarde après dîner.

M. VAUDEVILLE.

Que m'apprenez-vous ?

LA FOIRE.

Air n° 9, ou *Livrons-nous à la tendresse.*

Mon cher monsieur Vaudeville,
Portez votre pièce ailleurs ;
Elle m'est fort inutile
A présent que je me meurs.

M. VAUDEVILLE.

O ciel !

LA FOIRE.

Voyez encor votre ouvrage ;
Mettez y du verbiage ;
Peut-être qu'il conviendra
A mon cousin l'Opéra.

M. VAUDEVILLE, tristement.

Air n° 70, ou *Daigne écouter l'amant fidèle et
tendre.*

Quoi ! faut-il donc que la Foire périsse !

LA FOIRE.

Oui, c'en est fait ; je me sens aux abois :
C'est le destin qui veut que je finisse.
Embrassons-nous pour la dernière fois.

(La Foire embrasse M. Vaudeville, qui se retire avec
toutes les marques d'une profonde douleur.)

SCÈNE V.

LA FOIRE, M. BONTOUR, NOTAIRE.

LA FOIRE.

Approchez, monsieur Bontour ; je vous attendais.

M. BONTOUR.

Madame, je suis bien fâché de vous voir dans l'état...

LA FOIRE.

Eh ! monsieur, laissons cela. Hâtez-vous, je vous prie, d'écrire mes dernières volontés.

M. BONTOUR, se disposant à instrumenter sur une table.

J'ai déjà commencé l'acte. (*Il lit.*) Par-devant nous, Mathieu Bontour, *et cætera*, fut présente honorable et discrète personne damoiselle Perrette la Foire, *et cætera*... Vous n'avez présentement qu'à me dicter.

Air n° 19, ou *Je suis encor dans mon printemps.*

Pour légataire universel.
Qui nommez-vous, mademoiselle ?

LA FOIRE.

Je prends, du côté maternel,
Mon oncle Jean Polichinelle ;

Et mon cher cousin l'Opéra
D'exécuteur me servira.

(*même air.*)

Primò. Je donne à mes auteurs,
Dont j'ai mal payé l'honoraire,
Mille écus, que mes airs flatteurs
A nos traités ont su soustraire :
Argent qu'ils n'auraient, sur ma foi,
De mon vivant reçu de moi.

Air nº 32, *Chantez, dansez, amusez-vous.*

Item. Je lègue à mes acteurs
Qui vont jouer dans les provinces,
Pour mieux plaire à leurs spectateurs,
Et bien représenter des princes,
Vieux taffetas, toile, basin,
Tous les chiffons du magasin.

Air nº 36, ou *De tous les capucins du monde.*

Pour ceux qu'on rebute en campagne,
  Aux acteurs du roi de Cocagne (*)
Je les donne, et par là je veux
Montrer que je meurs leur amie.
Ces gens peuvent être avec eux,
Sans déparer la compagnie.

(*même air.*)

Item. La troupe italienne,
  Pour que de moi l'on se souvienne,

____

(*) Le *Roi de Cocagne*, comédie de Legrand, ne fut représenté pour la première fois que le 31 décembre 1718.

Aura soin de donner du bas.
Je lui laisse mes bagatelles,
Pour en faire, après mon trépas,
Des pièces françaises nouvelles.

Item. Et voici le grand *item*.

AIR n° 46, ou *De Joconde*.

Comme après moi sur le pavé
Je laisse quelques filles,
Dont l'honneur s'est bien conservé,
Quoiqu'elles soient gentilles,
Je crois que mon cousin voudra
Les prendre à mon instance.
Leurs bonnes mœurs à l'Opéra
Seront en assurance.

Voilà tout, monsieur Bontour.

M. BONTOUR.

Fait et passé, *et cætera*..... Madame,
vous n'avez qu'à signer.

LA FOIRE, signant, et prononçant *et cætera*, comme
s'il y avait *et se taira*.

La Foire, *et cætera*.

(Se levant de son fauteuil.)

Menez-moi dans mon cabinet, je vais
vous payer vos vacations.

(Elle s'appuie sur M. Bontour, et s'en va.)

SCÈNE VI.

SCARAMOUCHE, LA COMÉDIE FRANÇAISE, LA COMÉDIE ITALIENNE.

LA COMÉDIE FRANÇAISE, à Scaramouche.

ALLEZ, mon ami, avertissez votre maîtresse que les deux Comédies sont ici.

(Scaramouche les salue avec respect, et va avertir la Foire.)

SCÈNE VII.

LES DEUX COMÉDIES.

LA COMÉDIE FRANÇAISE, déclamant.

AFFECTONS à ses yeux une grande tristesse ;
Faisons même paraître une fausse tendresse.

LA COMÉDIE ITALIENNE.

Oh ! cela ne me coûtera rien.

LA COMÉDIE FRANÇAISE.

Ni à moi, je vous assure.

AIR n° 159, ou *Ah ! Robin, tais toi.*

Plus mon cœur ressent de haine,
Plus il marque d'amitié.

LA COMÉDIE ITALIENNE.

Je suis sur le même pié :
C'est la mode italienne.

LA COMÉDIE FRANÇAISE.

L'usage en est doux.

LA COMÉDIE ITALIENNE.

J'en connais(3 *fois.*)bien d'autres qui font comme nous.

LA COMÉDIE FRANÇAISE , riant.

Ha, ha, ha, ha, ha.

LA COMÉDIE ITALIENNE.

De quoi riez-vous donc ?

L A COMÉDIE FRANÇAISE.

AIR nº 160, ou *Pour toucher son Isabelle.*

C'est de la douleur mortelle
Que le trépas de la belle
Va causer à l'Opéra, a, a, a, etc.
La perte qu'il fait en elle
A coup sûr l'abîmera, a, a, a, etc.
La perte qu'il fait en elle
A coup sûr l'abîmera, a, a, a, etc.

LA COMÉDIE ITALIENNE.

Votre cœur s'épanouit, ma mignonne.

LA COMÉDIE FRANÇAISE.

Je nage dans la joie.

LA COMÉDIE ITALIENNE.

Vous haïssez donc bien l'Opéra?

LA COMÉDIE FRANÇAISE.

Air n° 100, ou *Malgré l'éclat de l'opulence.*
(*Jeannot et Collin.*)

Ajoutez une syllabe au premier vers.

Plus que vous ne pouvez croire
Je déteste ce fripon-là.
Je dis plus : c'était l'Opéra
Que je poursuivais dans la Foire.
Oui, vraiment, c'était l'Opéra
Que je poursuivais dans la Foire.

LA COMÉDIE ITALIENNE.

Je ne m'étonne plus à présent que vous
vous soyez donné tant de mouvement. Mais
la Foire paraît. Jouons bien notre person-
nage.

SCÈNE VIII.

LE DEUX COMÉDIES, LA FOIRE.

LA COMÉDIE FRANÇAISE, à la Foire.

Air n° 80, ou *Qu'auprès d'un jeune homme on étale.*

L'ÉTAT où je vous vois, madame,
En vérité, me perce l'âme.

LA FOIRE.

Oublions ici nos débats.
Embrassons-nous, je vous supplie.

LA COMÉDIE ITALIENNE, embrassant la Foire.

Je mets tout ressentiment bas.

LA COMÉDIE FRANÇAISE, l'embrassant aussi.

Votre mort nous réconcilie.

LA COMÉDIE ITALIENNE.

*Mi dispiace molto di veder vo' signoria
in cosi gran pericolo.*

LA COMÉDIE FRANÇAISE.

Je suis ravie que cette occasion se présente de nous raccommoder.

LA FOIRE, à la Comédie française.

Vous êtes trop généreuse! Me pardonnez-vous, madame,

AIR n° 42, ou *Jupiter, prête-moi ta foudre.*

D'avoir par mes traits de satire
Détaché de vous tant de gens,
Et d'avoir quelquefois fait rire
Toute la ville à vos dépens?

LA COMÉDIE FRANÇAISE.

Ne parlons point de cela.

LA FOIRE, à la Comédie italienne.

Madame l'Italienne,

AIR n° 3, ou *Je l'ai planté, je l'ai vu naître.*

La mort termine nos querelles;
Ne soyez donc plus en courroux,
Si j'ai de mes pièces nouvelles
Plus retiré d'argent que vous.

LA COMÉDIE ITALIENNE.

J'oublie le passé en faveur de l'avenir.

LA FOIRE, à la Comédie française.

Je forme des vœux pour vous.

Air n° 7, ou *Tu croyais, en aimant Colette.*

Que le public, rendant justice
A tous vos antiques morceaux,
Coure chez vous, les applaudisse
Sans en demander de nouveaux.

LA COMÉDIE FRANÇAISE.

Il aura beau en demander, il n'en aura,
ma foi, guère.

LA FOIRE, à la Comédie italienne.

Et vous, madame,

Air n° 51, ou *Il n'est qu'un pas du mal au bien.*

N'ayez plus de jalousie,
Mon trépas va vous soutenir.
Par lui vous pourrez obtenir
A Paris droit de bourgeoisie.
N'ayez plus de jalousie ;
Mon trépas va vous soutenir.

LA COMÉDIE ITALIENNE.

Je le souhaite.

LA COMÉDIE FRANÇAISE, à la Comédie italienne.

Air n° 12, ou *Réveillez-vous, belle endormie.*

Retirons-nous. Je vois paraître
Monsieur l'Opéra dans ces lieux.

(à la Foire.)
Vous serez bien aise peut-être,
Qu'on ne trouble point vos adieux.

LA COMÉDIE ITALIENNE.

Adieu, madame, bon voyage.

SCÈNE IX.

LA FOIRE, L'OPÉRA.

L'OPÉRA.

AIR n° 98, ou *Allez-vous-en, gens de la noce.*

On m'a dit, madame la Foire,
Que vous allez mourir.

LA FOIRE.

Hélas !

L'OPÉRA.

Ma foi, je ne le puis croire.

LA FOIRE.

Mon cher ami, n'en doutez pas :
Je suis bien bas,
Je suis bien bas.

L'OPÉRA.

Allez, allez.

Vous aurez encore la victoire
Cette fois-ci sur le trépas.

Prenez courage : Jeunesse revient de loin.
Je vous ai vue aussi malade.

LA FOIRE.

ll est vrai, j'ai eu beaucoup d'assauts en ma vie; mais j'avais le cœur bon. Aujourd'hui je sens bien qu'il faut sauter le fossé.

Air n° 161, ou *Parodie d'Armide*.

Je vois de près la mort qui me menace ;
Et quelque chose que l'on fasse ,
Je vais passer par le triste bateau.
En mourant , je serais ravie ,
Si je voyais, cousin , votre scène servie
Par quelque bon auteur nouveau :
Sans me plaindre du sort , je cesserais de vivre ;
Mais ce plaisir ne peut me suivre
Dans l'affreuse nuit du tombeau (*)

L'OPÉRA.

Vous avez l'imagination frappée ; c'est votre plus grand mal.

LA FOIRE, déclamant sur le ton de l'actrice qui joue le rôle de Phèdre.

Non, non, écoutez-moi. Les momens me sont chers (**)
Il n'est que trop certain, cousin, que je vous perds.
Déjà je ne vois plus qu'à travers un nuage;
Et mes sens affaiblis...

(Elle s'évanouit.)

(* Ces vers sont parodiés d'*Armide* , acte I, scène II.
(**) Parodie de quelques vers de *Phèdre*, acte V, scène dernière.

L'OPÉRA, déclamant.

Vous changez de visage !
Peste ! c'est tout de bon ! Ah ! craignons pour ses jours.
Et par rapport à moi donnons-lui du secours.

(L'Opéra lui frotte les narines d'eau de la reine de
Hongrie.)

LA FOIRE, rappelant ses esprits.

Ah !

L'OPÉRA.

AIR n° 162, ou *Tendre fruit des pleurs de l'Aurore*.

Qu'à votre mal je m'intéresse !
Mon triste cœur en soupire, en gémit.

LA FOIRE.

Je vois bien ou le bât vous blesse.

L'OPÉRA.

Quel malheur ! *(bis)* ma caisse en frémit.

AIR n° 163, ou *Vous pleurez, vous pleurez*.
(*d'Alceste.*)

Sans la Foire, sans ses ducats (*),
Croyez-vous que je puisse vivre ?

LA FOIRE.

Mon cher, il faut sauter le pas.

L'OPÉRA.

Hélas ! je vais bientôt vous suivre.
Sans la Foire, sans ses ducats,
Croyez-vous que je puisse vivre ?

(L'Opéra se met à pleurer.)

(*) Parodie de vers d'*Alceste*, acte II, scène VIII.

LA FOIRE.

Mon cher ami, ne pleurez pas;
Mon argent ne vaut point vos larmes.

L'OPÉRA.

Est-ce là ce traité si doux, si plein d'appas,
Qui nous promettait tant de charmes?

LA FOIRE.

Mon cousin, vous pleurez.

L'OPÉRA.

Cousine, vous mourez.

Ensemble. {

LA FOIRE.

Vous pleurez, vous pleurez, vous pleurez.

L'OPÉRA.

Vous mourez, vous mourez, vous mourez.

LA FOIRE.

Se peut-il que le ciel permette
Que la Foire et son cher Admète
Soient ainsi séparés!

L'OPÉRA.

Ma poulette!

LA FOIRE.

Mon poulet!

L'OPÉRA.

Ma poulette!

Ensemble. {

LA FOIRE.

Vous pleurez.

L'OPÉRA.

Vous mourez.

LA FOIRE, déclamant.

Ah! j'expire! je sens que le mortel frisson
Me saisit.

L'OPÉRA.

Justes dieux !

LA FOIRE.

Approche, mon garçon.
Dans ce dernier moment où tu lis ta ruine ,
Viens, avance, reçois l'âme de ta cousine.

(Elle tombe mourante dans les bras de l'Opéra.)

L'OPÉRA, aux spectateurs.

Équitables témoins de mes vives douleurs,
Plaignez mon infortune et soyez mes vengeurs.

(Il emporte la Foire derrière le théâtre, d'où l'on
voit sortir le docteur.)

SCÈNE X.

LE DOCTEUR, seul.

Air n° 164, ou *C'en est fait, il faut que je meure.*
(*d'Alceste.*)

Hélas ! hélas!
La Foire est à sa dernière heure!
C'en est fait, il faut qu'elle meure.
Que tout sente ici son trépas.
Hélas! hélas!

CHŒUR D'ACTEURS FORAINS , qu'on ne voit point.

Hélas! hélas! hélas !

SCÈNE XI.

LA POMPE FUNÈBRE.

TOUS LES ACTEURS FORAINS AVEC DES CRÊPES, ET
L'OPÉRA AUSSI EN CRÊPE AVEC DES PLEUREUSES.

L'Opéra mène le deuil; ils s'avancent tous d'un
pas lent et conforme à leur tristesse, pendant que
l'orchestre joue la marche d'Alceste.

CO LOMBINE.

AIR n° 165, ou *La mort barbare.*   (*d'Alceste.*)

La Foire est morte. (*)

CHOEUR.

La Foire est morte.

COLOMBINE.

La Foire a satisfait au cothurne en courroux.
Superbes ennemis, quel triomphe pour vous !
Si la Foire eût vécu, vous fermiez votre porte.
La Foire est morte.

CHOEUR.

La Foire est morte.

COLOMBINE.

La mort barbare   } *bis.*
Détruit aujourd'hui tous les ris.
Déjà de tout Paris   } *bis.*
J'aperçois l'ennui qui s'empare.
La mort barbare

(*) Parodie d'*Alceste*, acte III , scène III.

144 FUNÉRAILLES DE LA FOIRE.

Détruit aujourd'hui tous les ris.
La Foire est morte.

CHOEUR.

La Foire est morte.

L'OPÉRA, aux spectateurs.

Public, dans ce malheur, qui nous regarde tous,
Maudissez les Romains (*), et dites avec nous :
Que le grand diable les emporte.

COLOMBINE.

La Foire est morte.

CHOEUR, en se retirant.

La Foire est morte.

SCÈNE XII.

L'orchestre joue l'air nº 166, ou *Elle est morte,
la vache à Panier.*

LA COMÉDIE française, LA COMÉDIE
ITALIENNE, SUIVANS DES DEUX COMÉDIES.

LES DEUX COMÉDIES entrent en chantant, après la
symphonie, l'air qu'elle a joué.

Elle est morte, la vache à Panier,
Elle est morte, il n'en faut plus parler.

LA COMÉDIE FRANÇAISE.

Nous en voilà donc enfin débarrassées.

(*) Ce mot désigne les comédiens Français. (*Voy.* la *Notice
sur Lesage*, en tête du *Diable boiteux*, pages XXIV et XXV.

LA COMÉDIE ITALIENNE.

Oui, grâces au ciel.

LA COMÉDIE FRANÇAISE.

Air n° 84 , ou *Nous n'avons qu'un temps à vivre.*

> Dansons, tout nous y convie.
> Ce jour change notre sort :
> La Foire, notre ennemie,
> Le rend heureux par sa mort.

(Les suivans des deux Comédies forment une danse qui est coupée par ce branle.)

BRANLE.

Premier couplet.

LA COMÉDIE FRANÇAISE.

Air n° 167 , ou *Adieu donc , dame Françoise.*

> Cette Foire extravagante
> Sans cesse excitait des ris,
> Et dégoûtait tout Paris
> De notre scène savante.
> Il aura beau mourir d'ennui,
> Il viendra chez nous malgré lui.

CHOEUR DES SUIVANS DES DEUX COMÉDIES.

> Il aura beau mourir d'ennui,
> Il viendra chez nous malgré lui.

Second couplet.

LA COMÉDIE ITALIENNE.

> On n'aimait plus nos parades;
> Ces forains esprits follets

Par le sel de leurs couplets
Au public nous rendaient fades.
Il aura beau mourir d'ennui,
Il viendra chez nous malgré lui.

CHOEUR.

Il aura beau , etc.

Troisième couplet.

LA COMÉDIE FRANÇAISE.

Ces animaux sur la scène
Nous appelaient paresseux ;
Le public parlait comme eux ;
Mais , par ma foi, pour sa peine,
Nous le ferons mourir d'ennui,
A moins qu'il ne reste chez lui.

CHOEUR.

Nous le ferons , etc.

(On reprend la danse , qui finit la pièce.)

FIN DES FUNÉRAILLES DE LA FOIRE.

LE RAPPEL
DE LA FOIRE
A LA VIE,

PIÈCE EN UN ACTE.

PERSONNAGES.

LA FOIRE, Pierrot.

L'OPÉRA, Arlequin.

LE DOCTEUR.

SCARAMOUCHE.

MEZZETIN.

M. VAUDEVILLE, poëte de la Foire.

M. GIBLET, auteur.

MERCURE.

LA COMÉDIE française.

LA COMÉDIE italienne.

LE PUBLIC.

troupe de danseurs et de danseuses, tant forains
qu'italiens.

La scène est dans le petit préau de la Foire Saint-
Laurent.

LE RAPPEL

DE LA FOIRE

A LA VIE [*].

Le théâtre représente le petit préau de la foire Saint-Laurent. On voit dans l'enfoncement un mausolée, autour duquel sont plusieurs personnages comiques dans une attitude triste, mais différente. L'orchestre ouvre la scène par une symphonie lugubre.

SCÈNE I.

MEZZETIN, SCARAMOUCHE, POLICHINELLE, AUTRES ACTEURS ET CHANTEURS FORAINS.

UN CHANTEUR.

Air n° 168, ou *O sort inexorable.*
(*de l'opéra de Persée.*)

O sort inexorable !
O malheur déplorable !

(*) Les auteurs de cette pièce l'avaient composée pour le début de l'Opéra-Comique, qui s'est rétabli à la Foire- Saint-

CHOEUR.

O sort inexorable !
O malheur déplorable !

LE CHANTEUR.

O Foire infortunée, hélas !
Tu méritais un sort plus favorable !
Tes funestes appas
Ont causé ton trépas.
O sort inexorable !
O malheur déplorable !

CHOEUR.

O sort, etc.

SCÈNE II.

LES ACTEURS DE LA SCÈNE PRÉCÉDENTE, L'OPÉRA.

L'OPÉRA.

AIR n° 169, ou parodié de Thésée.

CESSEZ, amis Forains, de répandre des larmes ;
Vous pourrez bientôt sans alarmes
Éprouver le sort le plus doux.

Laurent en 1721. Mais, comme la permission de rouvrir ce théâtre n'a pas été accordée aux acteurs qu'on aurait souhaités, on n'a pas voulu la faire représenter. Le lecteur sera peut-être bien aise de voir par où ces auteurs se proposaient de recommencer les représentations de ce spectacle. (*Note des auteurs.*)

Le théâtre de Francisque fut en effet fermé, mais seulement pour quelques jours : et *le Rappel de la Foire à la vie* fut représenté le 1er septembre 1721.

Préparez au bourgeois des *flon flon* pleins de charmes :
Mais je veux, vous prêtant mes armes,
Partager son or avec vous (*).

(Mezzetin et Scaramouche se lèvent.)

MEZZETIN.

Air n° 13, ou *Monsieur le prévôt des marchands*.

O ciel ! qu'entends-je ! quel discours !

L'OPÉRA.

Oui, je viens à votre secours.
Vous reverrez encor la Foire.

MEZZETIN.

Non, non, la Foire est chez les morts.
N'espérez pas nous faire croire
Qu'on voit deux fois les sombres bords.

SCARAMOUCHE.

Ah ! c'en est fait !

L'OPÉRA.

Pardonnez-moi.

Air n° 36, ou *De tous les capucins du monde*.

Si la Parque nous l'a ravie,
Pour la rappeler à la vie
Les chemins me seront ouverts.

MEZZETIN.

Hé, que voulez-vous entreprendre ?

(*) Parodie de quelques vers de *Thésée*, acte I, scène VIII.

L'OPÉRA.

J'irai jusqu'au fond des enfers
Forcer la Mort à me la rendre (*).

SCARAMOUCHE.

La peste!

L'OPÉRA.

C'est un dessein que j'ai pris.

AIR n° 44, ou *Tout roule aujourd'hui dans le monde.*

Nouvel Alcide dans l'histoire,
Je veux, pour consacrer mon nom,
Acquérir l'immortelle gloire
D'avoir vu le chaud Phlégéton,
Et d'avoir enlevé la Foire
Sous la moustache de Pluton.

SCARAMOUCHE.

Et par quelle route, s'il vous plaît, des-
cendrez-vous là?

L'OPÉRA.

Belle demande! parbleu, j'y descendrai
par mes trappes; c'est un chemin frayé
par les héros.

MEZZETIN.

Mais êtes-vous bien sûr d'en ramener
votre pauvre cousine?

(*) Parodie d'*Alceste*, acte 3, scène VIII.

L'OPÉRA.

Oh ! qu'oui.

Air n° 2, ou *En vain la fortune ennemie.*

Pluton ne peut sans injustice
Me la refuser.

MEZZETIN.

Hé, pourquoi?

L'OPÉRA.

C'est qu'il sait fort bien que chez moi
Tout est à son service.

SCARAMOUCHE.

Vous avez raison. Vous lui fournissez...

L'OPÉRA, en déclamant.

Mes amis, laissons là tous les discours frivoles;
Il faut des actions, et non pas des paroles.

MEZZETIN.

Le ciel favorise vos desseins.

SCARAMOUCHE.

Puissiez-vous revenir avec la Foire !

L'OPÉRA.

Air n° 170, ou *La troupe italienne, faridondaine.*

Malgré l'implacable haine
Des ennemis jaloux du comique-Opéra,
Ma cousine germaine,
Faridondaine,
Et lon-lan-la,

Ma cousine germaine,
Faridondaine,
Reviendra.

(S'en allant.)

Adieu. Je vous laisse.

MEZZETIN.

AIR n° 16, ou *Je reviendrai demain au soir.*

Puissions-nous, par votre pouvoir,
Dès ce jour la revoir.   *bis.*

SCARAMOUCHE.

Arrachez la Foire au trépas.

TOUS DEUX.

Allez, ne tardez pas.   *bis.*

(Tous les acteurs forains se retirent, excepté Mezzetin
et Scaramouche.)

SCÈNE III.

MEZZETIN, SCARAMOUCHE.

MEZZETIN.

AIR n° 92, ou *Amis, sans regretter Paris.*

CHER Scaramouche, en vérité,
Je commence à le croire.

SCARAMOUCHE.

Pourquoi non ? Le drôle est porté
Pour le bien de la Foire.

SCÈNE IV.

MEZZETIN, SCARAMOUCHE. LE DOCTEUR.

MEZZETIN ET SCARAMOUCHE, apercevant le docteur, dansent en répétant ces dernières paroles de l'Opéra.

> Ma cousine germaine,
> Faridondaine,
> Et lon-lan-la,
> Ma cousine germaine,
> Faridondaine,
> Reviendra.

LE DOCTEUR.

Que vois-je ! avez-vous donc perdu l'esprit, mes enfans ?

Air n° 45, ou *Monsieur La Palisse est mort.*

> Quoi ! vous pouvez, dans des lieux
> Consacrés à la tristesse,
> Faire éclater à mes yeux
> Une perfide allégresse !

SCARAMOUCHE.

Bonne nouvelle, *signor dottor,* monsou l'Opéra est allé en embuscade vers le dieu Ploton.

MEZZETIN, à Scaramouche.

Dis donc en ambassade, animal.

(Au docteur.)

L'Opéra vient de partir pour aller demander sa cousine la Foire au dieu des enfers, et il compte qu'il l'obtiendra.

LE DOCTEUR.

AIR n° 55, ou *Va-t'en voir s'ils viennent, Jean.*

Les enfers soigneusement
Gardent ce qu'ils tiennent.

MEZZETIN.

Vous les verrez sûrement
Tous les deux dans un moment.

LE DOCTEUR, d'un air moqueur.
Va-t'en voir s'ils viennent,
Jean,
Va-t'en voir s'ils viennent.

Ne nous flattons point mes amis, l'Opéra peut bien descendre dans les enfers :

Facilis descensus Averni;
Sed revocare gradum,

c'est le *hic.*

MEZZETIN.

Il en reviendra, vous dis-je.

SCÈNE V.

MEZZETIN, SCARAMOUCHE, LE DOCTEUR, M. GIBLET.

M. GIBLET, tout essoufflé.

Ah! messieurs les Forains, je n'en puis plus !

MEZZETIN.

Qu'avez-vous donc, monsieur Giblet ?

LE DOCTEUR.

Vous trouvez-vous mal?

M. GIBLET.

Ouf !

SCARAMOUCHE.

Êtes-vous poussif?

M. GIBLET.

J'ai rencontré l'Opéra qui m'a dit...... hem! hem !

MEZZETIN.

Quoi ?

M. GIBLET.

Il va chercher la Foire.

AIR n° 41, ou *Sous un ciel pur et sans nuage.*
(Ninon chez madame de Sévigné.)

Il vient lui-même de m'apprendre...
J'en suis encor tout hors de moi,

Qu'aux enfers il allait descendre,
Pour l'en retirer.

LE DOCTEUR.

Quel effroi!

SCARAMOUCHE.

Hé! pourquoi cela vous cause-t-il tant
de frayeur?

LE DOCTEUR.

AIR n° 10, ou *Ne m'entendez-vous pas.*

Quel est votre embarras ?

MEZZETIN.

Voulez-vous nous le dire ?

M. GIBLET.

J'ai la rage d'écrire,
Et par malheur, hélas!...
Ne m'entendez-vous pas ?

LE DOCTEUR.

Je vois l'enclouure, vous aurez parlé de
la Foire avec irrévérence.

MEZZETIN.

Ha ha! monsieur Giblet, vous avez écrit
contre la Foire?

M. GIBLET.

Hélas ! oui; la croyant morte pour jamais, j'ai fait un maudit petit livre contre
elle.

SCARAMOUCHE.

Fort bien.

MEZZETIN.

Air n° 171, ou *Tique, tique, taque*.

A présent de nos auteurs
Vous craignez les traits vengeurs.

M. GIBLET.

Oui, ventrebleu ! j'appréhende ,
Tique, tique , taque, et lon lan la ,
Qu'un couplet ne me le rende.

LE DOCTEUR.

Oh ! ne craignez point cela.

M. GIBLET.

Je vous demande votre protection , monsieur le docteur. Sauvez-moi du ressentiment de vos auteurs.

LE DOCTEUR.

Ils ne pensent point à vous.

MEZZETIN.

Air n° 172, ou *Je suis en tout, mademoiselle*.
(*comtesse d'Albert.*)

Votre livret ne peut mettre en colère
Que votre libraire ,
Qui depuis vingt mois
N'en a vendu que trois.
Sachez, l'ami, qu'en son humeur caustique ,

L'Opéra-comique
Choisit des sujets
Plus dignes de ses traits.

M. GIBLET.

Comment ! plus dignes...?

SCARAMOUCHE.

Oui, monsieur Giblet; allez, nos poëtes
vous respecteront, je vous assure.

M. GIBLET, en colère.

Mais, mais, voyez un peu ces visages!
Au bout du compte, je me soucie bien de
leurs poëtes !

MEZZETIN.

Air n° 42, ou *Jupiter, prête-moi ta foudre.*

Un écrivain de votre espèce
Ne doit point redouter leurs coups.

LE DOCTEUR.

Rendez grâce à votre bassesse,
Qui vous dérobe à leur courroux.

M. GIBLET, sur le ton du dernier vers.

Le diable vous emporte tous !

(Le docteur, Mezzetin et Scaramouche le chassent
en le chargeant de coups.)

SCÈNE VI.

MEZZETIN, SCARAMOUCHE, LE DOCTEUR.

SCARAMOUCHE, riant.

Le plaisant auteur !

MEZZETIN, riant de toute sa force.

Ha, ha, ha. Il ne s'attendait pas à notre franchise.

SCÈNE VII.

MEZZETIN, SCARAMOUCHE, LE DOCTEUR, MERCURE.

MERCURE, sortant tout à coup de dessous le théâtre.

Bonjour, forains.

SCARAMOUCHE, effrayé.

Hoïmé !

MEZZETIN.

Eh ! c'est le seigneur Mercure !

LE DOCTEUR.

Air n° 63, ou *Te bien aimer, ô ma chère Zélie.*

Oui, c'est ce dieu que nous voyons paraître,
Des immortels le courrier obligeant.

SCARAMOUCHE.

Des aigrefins l'incomparable maître.

MERCURE.

De l'Opéra, de plus, je suis l'agent.

MEZZETIN.

Est-il possible?

MERCURE.

AIR n° 173, ou *Vous voulez, belle Sylvie.*

On voit là tant de fillettes
Etaler les plus brillans appas.
Cent damoiseaux friands de ces emplettes
Offrent à l'envi leurs ducats.
A ces princesses,
Comme déesses,
Je veux bien consacrer mes pas.

SCARAMOUCHE.

C'est être bien officieux.

MERCURE.

C'est mon faible. Par exemple, je me donne la peine de venir vous apprendre que j'ai conduit aux enfers l'Opéra, qui d'abord a dit à Pluton le plus tendrement du monde :

AIR n° 62, ou *Dupont, mon ami.*

Mon ami Pluton,
Rends-moi ma cousine;
Je t'en prie au nom
De ta Proserpine.

SCARAMOUCHE, l'interrompant.

Hé bien ?

MERCURE.

Hé bien, à ces mots le dieu a souri.

MEZZETIN, avec précipitation.

Et il l'a rendue ?

MERCURE.

Point du tout, il a répondu :

(achevant l'air.)

Mon enfant, tu le sais bien,
Les enfers ne rendent rien.

LE DOCTEUR.

Ah ! je m'en doutais bien.

MEZZETIN.

O ciel !

SCARAMOUCHE.

Ahi !

MERCURE.

Alors l'Opéra, comme un autre Orphée, s'est mis à chanter les beaux endroits d'un opéra nouveau. La cour infernale s'est profondément endormie ; et lui, profitant de l'occasion, a gagné la porte avec sa cousine.

MEZZETIN, sautant de joie.

Oh ! je ne m'attendais pas à celui-là.

SCARAMOUCHE.

Ni moi non plus.

LE DOCTEUR.

Air n° 2 , ou *En vain la fortune ennemie.*

En les voyant sortir, Cerbère
Sans doute a bien fait le rétif ?

MERCURE.

Un morceau de récitatif
A fermé sa paupière.

MEZZETIN.

Nous reverrons donc enfin la Foire !

MERCURE.

Son libérateur la ramène.

Air n° 174, ou *parodié d'Alceste.*

Par une ardeur impatiente
Courez, volez vers ce héros.
Les voici. La Foire est vivante.
Que chacun chante,
Que chacun chante :
Honneur aux opéra nouveaux !
Honneur à leurs puissans pavots !

CHŒUR.

Honneur aux opéra nouveaux !
Honneur à leurs puissans pavots !

Mercure disparaît. Le docteur, Mezzetin et Scaramouche vont au-devant de la Foire.

L'Orchestre en cet endroit joue une marche gaie,

et l'on voit paraître tous les acteurs forains, marchant
deux à deux devant la Foire, qu'amène l'Opéra par la
main, et que suit une troupe de chanteurs. La Foire
a sur sa coiffure une bagnolette, et s'occupe à faire
des nœuds.

SCÈNE VIII.

MEZZETIN, SCARAMOUCHE, LE DOC-TEUR, TROUPE D'ACTEURS FORAINS, L'O-PÉRA, LA FOIRE.

LA FOIRE.

AIR nº 175, ou *Perrette, venez-tôt.*

QUE de vous revoir, amis, je suis ravie !
La vie
M'est moins chère que vous ;
Venez, que je vous embrasse tous.

(Elle embrasse ses acteurs.)

LE DOCTEUR.

AIR nº 176, ou *O l'heureux temps !*
(de l'opéra de Phaëton.)

Que les Forains se réjouissent !
Que leurs plaintes finissent !
O l'heureux temps !
O l'heureux temps,
Qui rend la Foire à ses enfans !

CHŒUR.

O l'heureux temps !
O l'heureux temps,

Qui rend la Foire à ses enfans !

LA FOIRE , à ses acteurs·

Allez, courez, informez nos amis de mon retour.

> AIR n° 6, ou *Guillot auprès de Guillemette.*
>
> Portez aussi cette nouvelle
> Chez nos jaloux.
> Quand ils l'apprendront , puisse-t-elle
> Les rendre fous.
> Je vois bien qu'avec eux je vais
> Recommencer sur nouveaux frais.

(Tous les acteurs forains sortent.)

SCÈNE IX.

LA FOIRE, L'OPÉRA.

L'OPÉRA , faisant l'action d'un homme qui compte de l'argent.

Ho çà, ma cousine, il faut de l'exacti-tude pour ce que vous savez.

LA FOIRE.

AIR n° 177, ou *Ah! que ne fait-on pas pour sauver ce qu'on aime!* (*Alceste.*)

Vous êtes, je le vois, cousin, toujours le même.

L'OPÉRA.

Ne vous ai-je pas fait sortir des sombres lieux ?

LA FOIRE.

C'est par vous que je vis malgré mes envieux ;
Je ne puis trop payer cette faveur extrême.

L'OPÉRA.

Ensemble.

{ Ah ! que ne fait-on pas pour sauver ce
    qu'on aime ?

LA FOIRE.

Ah ! que ne fait-on pas pour l'argent,
    quand on l'aime ?

SCÈNE X.

LA FOIRE, L'OPÉRA,
M. VAUDEVILLE.

LA FOIRE, allant au-devant de M. Vaudeville pour
l'embrasser.

Eh ! voilà monsieur Vaudeville, mon cher
auteur !

M. VAUDEVILLE.

Ah ! madame, en croirai-je mes yeux ?

AIR n° 178, ou *Je suis encor dans mon printemps.*
(d'Une Folie.)

Ajoutez deux syllabes au premier vers.

J'ai passé trois ans sans vous voir,
    Plus cruels qu'on ne pense.
Je disais dans mon désespoir
    Avec toute la France :
Foire follette, mes amours,
Êtes-vous morte pour toujours ?

LA FOIRE, montrant l'Opéra.

AIR n° 179, ou *Au généreux ami je dois ma délivrance*. (*de Roland.*)

Au généreux cousin je dois ma délivrance ;
Par son secours je revois la clarté.
Tout ce qu'il veut de ma reconnaissance,
C'est d'être exacte à remplir le traité.

M. VAUDEVILLE.

Quel désintéressement ! Que je l'embrasse aussi.

(Il embrasse l'Opéra.)

L'OPÉRA.

Serviteur, mon ami. Allons, flamberge au vent ; il faut frapper ici d'estoc et de taille.

LA FOIRE.

Oui, monsieur Vaudeville.

AIR n° 180, ou *Flon, flon, flon, larira dondaine.*

Échauffez votre veine ;
Aiguisons bien nos traits ;
Sur la folie humaine
Lançons mille couplets :
Flon, flon,
Larira, dondaine,
Flon, flon,
Larira, dondon.

L'OPÉRA.

Air n° 181, ou *La fanfare de Saint-Cloud.*

C'est la Foire qui menace :
Que d'auteurs sont en danger !

M. VAUDEVILLE.

Quelque procès qu'on lui fasse,
On ne peut s'en dégager.

LA FOIRE.

Je reviens quand on me chasse ;
Je me plais à me venger.

TOUS TROIS.

C'est la Foire qui menace :
Que d'auteurs sont en danger !

L'OPÉRA.

Air n° 182, ou *N'y a pas d'mal à ça.*

Par des parodies
Elle pincera
Les deux Comédies.

M. VAUDEVILLE.

Même l'Opéra.

L'OPÉRA, s'en allant.

N'y a pas d'mal à ça,
N'y a pas d'mal à ça.

SCÈNE XI.

LA FOIRE, M. VAUDEVILLE.

M. VAUDEVILLE.

Air n° 185, ou *Ma commère, quand je danse.*

Paris reverra la Foire
En dépit des envieux.

LA FOIRE.

Mettons toute notre gloire
A faire de notre mieux.

(Ensemble.)
Que dans nos jeux
Rien ne soit vieux.

LA FOIRE.

Rien sérieux.

M. VAUDEVILLE.

Rien ennuyeux.

LA FOIRE.

Rien ne soit vieux,
Sérieux,
Ennuyeux.

(Ensemble.)
Paris reverra la Foire
En dépit des envieux.

M. VAUDEVILLE.

Adieu, notre maman ; je vais me mettre

en quatre pour vous rendre plus brillante
que jamais.

(Il s'en va.)

SCÈNE XII.

LA FOIRE, SCARAMOUCHE.

SCARAMOUCHE.

MADAME, voici les deux Comédies.

LA FOIRE.

Il n'est pas possible !

(Scaramouche se retire.)

SCÈNE XIII.

LA FOIRE, LA COMÉDIE FRANÇAISE, LA COMÉDIE ITALIENNE.

LA COMÉDIE ITALIENNE, bas à la Comédie fran-
çaise, en déclamant.

IL n'en faut plus douter, c'est elle.

LA COMÉDIE FRANÇAISE, à part.

Justes dieux !
C'est la Foire, en effet, c'est ce monstre odieux !
Quoi ! l'avare Achéron a pu lâcher sa proie (*) !

(*) Parodie d'un vers de *Phèdre*, acte I, scène I.

(Haut, saluant la Foire.)

Madame, nous venons vous marquer notre joie.
Nous comptions que le dieu du ténébreux séjour
Pour jamais retiendrait vos mânes dans sa cour ;
Cependant aujourd'hui, rendue à la lumière,
Vous êtes prête encor d'entrer dans la carrière.
Ah ! que votre retour, ma bonne, nous est doux !

LA COMÉDIE ITALIENNE, à la Foire, en s'appro-
chant d'elle.

Avec sincérité, ma chère, embrassons-nous.

(la Foire recule.)

Quoi ! vous vous refusez, ingrate, à nos tendresses !

LA FOIRE.

Le respect me défend d'embrasser mes maîtresses ;
Je sais ce que je dois...

LA COMÉDIE FRANÇAISE.

Depuis quand ce respect ?

LA COMÉDIE ITALIENNE.

Un procédé si franc vous serait-il suspect ?

LA FOIRE.

Point du tout ; mais enfin un peu de retenue...

LA COMÉDIE ITALIENNE.

Je t'entends, et je vois que tu m'as entendue.
Connais donc ma fureur, c'est trop dissimuler :
Mon but, en t'embrassant, était de t'étrangler.

LA FOIRE.

Oh ! je l'ai bien vu dans vos civilités ;
mais je m'en moque.

Aɪʀ n° 60, ou *Philis plus avare que tendre.*

Vainement vous voulez me nuire,
Me faire périr sous vos coups :
Perdez l'espoir de me détruire ;
La Foire est une hydre pour vous.

LA COMÉDIE FRANÇAISE.

Aɪʀ n° 143, ou *Nous sommes précepteurs d'amour.*

Pour avoir recouvré le jour,
Penses-tu donc être immortelle ?
Apprends que je puis, sans retour,
Te rendre à la nuit éternelle.

LA COMÉDIE ITALIENNE.

Aɪʀ n° 17, ou *Des Trembleurs.*

C'est moi, fatale ennemie,
Que l'enfer a revomie,
C'est moi qui veux de ta vie
Finir les jours trop chéris.
J'ai de rimeurs une clique,
Qui sortent de rhétorique ;
De ton Opéra-comique
Ils vont dégoûter Paris.

LA FOIRE, se moquant.

Pouf !

Aɪʀ n° 170, ou *La troupe italienne, faridondaine.*

Vous y perdrez votre peine ;
Le public, malgré vous, à la Foire viendra.
La troupe italienne,

Faridondaine,
Enragera ;
Et la troupe romaine (*),
Faridondaine,
Crèvera.

LA COMÉDIE ITALIENNE, en colère, à la Comédie
française.

Jetons-nous sur cette créature-là.

LA FOIRE.

Merci de ma vie ! ne vous y jouez pas...
Je vous prêterais bien le collet à toutes
deux.

LA COMÉDIE ITALIENNE.

A toutes deux ! j'en mettrais quatre
comme toi sur les dents.

SCÈNE XIV.

LA FOIRE, LES DEUX COMÉDIES.
MEZZETIN.

MEZZETIN, à la Foire.

MADAME, un gros et grand monsieur demande à vous voir.

LA FOIRE.

Qui est-ce ?

(*) Voyez la note pag. 144.

MEZZETIN.

Il s'est nommé le Public.

LA COMÉDIE FRANÇAISE, étonnée.

Le Public!

LA COMÉDIE ITALIENNE.

O ciel!

LA FOIRE.

C'est notre maître que le Public. Vous voulez bien, mesdames, que j'aille au-devant de lui?

SCENE XV.

LA FOIRE, LES DEUX COMÉDIES, LE PUBLIC, revêtu d'un habit parsemé de têtes différentes.

LE PUBLIC, à la Foire, lui tendant la main.

Bonjour, ma chère; je viens vous féliciter.

LA FOIRE, lui faisant une profonde révérence.

C'est trop d'honneur que....

LA COMÉDIE FRANÇAISE.

Air n° 22, ou *La faridondaine la faridondon.*

Seigneur, de cette dame-là
Vous étiez fort en peine.

LE PUBLIC, apercevant les deux comédies.

Ho, ho! mesdames, vous voilà !
Quel sujet vous amène ?

LA COMÉDIE ITALIENNE.

Nous venons dans l'intention,
La faridondaine,
La faridondon,
De la féliciter aussi.

LA FOIRE, au Public.
Biribi,
A la façon de Barbari,
Mon ami.

Elles viennent plutôt me chanter pouil-
les.

LA COMÉDIE FRANÇAISE.

AIR n° 69, ou *Ta plainte me désespère.*
(*Chanson de Collé.*)

C'est vous, petite impudente,
Qui toujours nous agacez.

LE PUBLIC.
Eh! mesdames, finissez!

LA COMÉDIE ITALIENNE, au Public.

Vous la rendez insolente,
Vous êtes trop indulgent.

LA FOIRE, à la Comédie italienne.

Taisez-vous , impertinente.
Vous parlez en enrageant
De n'avoir pas son argent.

LE PUBLIC.

AIR n° 12, ou *Réveillez-vous, belle endormie.*

Votre fureur contre la Foire,
Mesdames, vous fait peu d'honneur;
Vous donneriez sujet de croire
Qu'elle a de quoi vous faire peur.

LA COMÉDIE FRANÇAISE.

C'est vous qui nous la faites craindre.

LA COMÉDIE ITALIENNE.

Franchement, monsieur le Public, malgré votre bon esprit, vous n'êtes pas toujours difficile sur les pièces de théâtre.

LE PUBLIC.

C'est ce qui vous trompe.

LA COMÉDIE FRANÇAISE.

AIR n° 34, ou *A boire, à boire, à boire.*

Non, non, vous ne connaissez guère
Ce qui seul a droit de vous plaire.

LA COMÉDIE ITALIENNE.

On vous amuse avec un rien.

LE PUBLIC.

Ah! vraiment, je m'y connais bien.

Point de prévention, mesdames, point
de vanité mal entendue; la Foire a son
mérite, je vous regarde toutes trois

Air n° 13, ou *Monsieur le prévôt des marchands.*

De même que dans un repas
Je considère trois bons plats,
Dont chacun me plaît et me pique;
Et des trois l'assaisonnement,
Lorsque j'y sens le sel attique,
Flatte mon goût également.

LA COMÉDIE ITALIENNE.

Air n° 36, ou *De tous les capucins du monde.*

Si les morceaux qu'elle débite
Près de vous ont tant de mérite,
Seigneur, vous n'avez qu'à parler;
Bientôt mes poëtes habiles
Mieux qu'elle vont vous régaler
De mainte pièce en vaudevilles.

LA FOIRE.

Fi donc! Il faut que chacun se mêle de
son métier.

LE PUBLIC.

Elle a raison.

LA COMÉDIE FRANÇAISE.

Mais, seigneur, si vous vouliez des *rois
de Cocagne...* (*)

LE PUBLIC.

Mais, mais, je veux que vous viviez
toutes trois en bonne intelligence.

(*) *Voyez* la page 131.

Air n° 156, ou *Vous me grondez d'un ton sévère.*

Embrassez-vous, je vous en prie;
Et qu'après la réunion,
Une noble émulation
Succède à votre jalousie.

LA COMÉDIE FRANÇAISE.

Il faut vous obéir, seigneur.

(Elle embrasse la Foire.)

LA COMÉDIE ITALIENNE, embrassant aussi la Foire.

Je vous embrasse de bon cœur.

LA FOIRE, à la Comédie italienne.

Ne m'étranglez pas au moins.

LE PUBLIC.

Travaillez avec zèle ; vous pouvez me plaire toutes trois par la variété de vos talens.

LA COMÉDIE FRANÇAISE.

Vous m'encouragez, allons.

Air n° 79, ou *Talalerire.*

Je vais relever la richesse
Du cothurne et du brodequin.

LA COMÉDIE ITALIENNE.

Moi, je vous donnerai sans cesse
De nouveaux *lazzis* d'Arlequin.

LA FOIRE.

Et chez moi, vous entendrez dire:
Talaleri, talaleri, talalerire.

LE PUBLIC, en s'en allant.

Sur ce pied-là, mesdames, vous serez contentes de moi.

SCÈNE XVI.

LA FOIRE, LES DEUX COMÉDIES.

TOUTES TROIS, ensemble.

AIR n° 184, ou *La liberté préside*.

HEUREUSE intelligence,
Douce et sincère paix,
Que la triste indigence
Ne vous trouble jamais.

LA COMÉDIE ITALIENNE, embrassant de nouveau la Foire.

Je suis charmée, ma petite, mais ce qui s'appelle charmée de notre union ; et, pour la rendre plus forte, j'abandonne mon hôtel : je vais venir m'établir à la Foire (*).

LA FOIRE.

Quelle marque d'amitié !

LA COMÉDIE FRANÇAISE, à l'italienne.

Oh ! il y a long-temps que vous couvez ce dessein-là.

(*) Les comédiens italiens, qui ne faisaient pas fortune sur leur théâtre, étaient venus en effet s'établir à la Foire Saint-Laurent en 1721, et y avaient commencé leurs représentations le 31 juillet.

LA COMÉDIE ITALIENNE.

Je ne m'en défends point.

LA FOIRE, à la Comédie italienne.

Hé! vraiment, c'est ce que mon cousin m'a dit.

(à la Comédie française.)

Allons, ma bonne, faites-en autant; il ne nous manque plus que vous.

LA COMÉDIE FRANÇAISE.

AIR n° 11, ou *Le fameux Diogène.*

Moi venir à la Foire !
Je trahirais ma gloire.

LA COMÉDIE ITALIENNE.

Fi donc ! vous moquez-vous ?
Cette gloire, ma chère,
N'est que pure chimère
Pour des gens comme nous.

LA FOIRE.

Oh, diable ! elle est dans les bons principes, elle.

LA COMÉDIE FRANÇAISE, à l'italienne.

AIR n° 185, ou *Je n'saurais.*

A votre honneur, âme vile,
Vous portez ce coup mortel !

LA COMÉDIE ITALIENNE.

Je ne cherche que l'utile.

LA COMÉDIE FRANÇAISE.

Demeurez dans votre hôtel.

LA COMÉDIE ITALIENNE.

Je n'saurais;
Si je restais dans la ville,
J'en mourrais.

LA FOIRE.

Ma foi, écoutez, la faim fait sortir le loup hors du bois.

LA COMÉDIE ITALIENNE.

AIR n° 186, ou *Marotte fait bien la fière.*

Dans ce faubourg ma cuisine
Quatre fois mieux en ira.

LA COMÉDIE FRANÇAISE, d'un air moqueur.

Elle s'imagine,
La baladine,
Que la Foire la nourrira,
La nourrira.

LA COMÉDIE ITALIENNE.

Dans ce faubourg ma cuisine
Quatre fois mieux en ira.

LA COMÉDIE FRANÇAISE, riant.

Ha, ha, ha!

AIR n° 187, ou *J'en suis bien contente.*

Sur un projet si nouveau
Tout Paris plaisante.

LA FOIRE.

Oui.

On dit qu'il n'est pas trop beau,
Lamirtanplain, lantire-larigot ;
J'en suis bien contente.

LA COMÉDIE ITALIENNE.

On dira ce qu'on voudra.

Air n° 188, ou *Je suis Madelon Friquet.*

Je suis Madelon Friquet,
Et je me ris, et je me moque,
Je suis Madelon Friquet,
Et je me moque du caquet.

LA COMÉDIE FRANÇAISE.

Air n° 90, ou *Les Feuillantines.*

Vous verrez l'événement.
Franchement,
Vous hasardez diablement :
En levant ici boutique ;
Vous prenez (*bis*) votre émétique.

LA COMÉDIE ITALIENNE.

Air n° 47, ou *Lon-lan-la, derirette.*

Allez, je sais ce que je fais.
Dans ces lieux laissez nous en paix,
Lon-lan-la, derirette.

LA COMÉDIE FRANÇAISE.

Oh! j'y consens, demeurez-y.
Lon-lan-la, deriri.

LA COMÉDIE ITALIENNE, prenant la main de la
Foire.

Air n° 23, ou *Laire-la, laire lan-laire.*

Pour ma compagne je vous prends.

LA FOIRE.

A vos tendresses je me rends.

LA COMÉDIE FRANÇAISE, en s'en allant.

Ma foi ! les deux en font la paire.

LA COMÉDIE ITALIENNE ET LA FOIRE, se moquant.

Laire-la, laire lan-laire,
Laire-la,
Laire lan-la.

SCÈNE XVII.

LA COMÉDIE ITALIENNE,
LA FOIRE.

LA FOIRE.

Air n° 189, ou *Laissons là la fumée.*

N'EST-ELLE pas bien folle
Avec son point d'honneur ?

LA COMÉDIE ITALIENNE.

Une gloire frivole
Ne fait point mon bonheur.

LA FOIRE.

Restez ici. Laissez là la fumée :
L'argent vaut beaucoup mieux que bonne renommée.

TOUTES DEUX, ensemble.

L'argent vaut beaucoup mieux que bonne renommée.

LA COMÉDIE ITALIENNE.

Air n° 48, ou *Tout est charmant chez Aspasie.*

Accourez, acteurs d'Italie ;
Dansez, mettez-vous tous en train ;
Célébrez ce jour qui vous lie
Pour jamais au peuple forain.

Les suivans de la Comédie italienne se joignent à ceux de la Foire, et font un ballet, qui finit la pièce.

FIN DU RAPPEL DE LA FOIRE A LA VIE.

LE TEMPLE

DE MÉMOIRE;

PIÈCE EN UN ACTE,

Représentée à la Foire Saint-Laurent en 1725, et
ensuite sur le théâtre du Palais-Royal.

PERSONNAGES.

LA FOLIE.

PIERROT, son confident.

LA RENOMMÉE.

UN CONQUÉRANT.

UN MEUNIER, richement vêtu.

UN PEINTRE Arlequin.

M. PRONE-VERS, bel esprit.

M. TOUT-UNI, poëte.

TROIS AUTRES POÈTES.

DANSEURS, représentant les différentes conditions des hommes.

DANSEUSES, suivantes de la Folie.

La scène est au bas de la montagne sur laquelle est bâti le Temple de Mémoire.

LE TEMPLE

DE MÉMOIRE.

~~~~~~

Le théâtre représente une solitude. On voit dans l'enfoncement un mont escarpé de tous côtés.

SCÈNE I.

LA FOLIE, PIERROT.

(La Folie arrive d'un air triste et rêveur.)

PIERROT.

Air n° 79, ou Talalerire.

Quoi donc ! la Folie est rêveuse !
Elle a perdu sa belle humeur !

LA FOLIE.
Pierrot, que je suis malheureuse !

PIERROT.
Ouvrez-moi votre petit cœur.
Qui peut vous empêcher de dire :
Talalei, talaleri, talalerire ?

LA FOLIE, soupirant.

Ahi !
~~~~~~

PIERROT.

Hé bien ?

LA FOLIE.

Air n° 190, ou *On dit qu'Amour est si charmant.*

On dit que l'hymen est si doux :
N'aurai-je jamais un époux ?
Quoi! pas un, parmi tant de fous,
　Ne veut de la Folie !
N'aurai-je jamais un époux,
　Moi qui suis si jolie?

PIERROT, riant.

Ha, ha, ha, ha, ha : vous vous moquez de Pierrot, votre fidèle confident. Le mariage est une affaire trop sérieuse pour vous.

LA FOLIE.

Cela est vrai ; cependant la fantaisie de me marier me tient depuis long-temps ; mais j'en suis bien punie, puisque je ne puis la satisfaire.

PIERROT.

Air n° 191, ou *Pour le mariage, bon.*

Ma foi, vous me surprenez :
Je vois pourtant sur vos traces
Mille amans passionnés
Rechercher vos bonnes grâces.

LA FOLIE.

Pour le badinage,
   Bon ;
Pour le mariage ,
   Non.

PIERROT.

Vous faites peut-être trop la difficile.

LA FOLIE.

Au contraire.

   Air n° 46 , ou *de Joconde.*

J'ai fait publier, mais en vain ,
   Sur la terre et sur l'onde ,
Que je voulais donner ma main
   Au plus grand fou du monde :
Personne avec moi n'est tenté
   De se mettre en ménage ;
C'est que, grâce à la vanité ,
   Chaque fou se croit sage.

PIERROT.

Voilà ce que c'est. Hé ! ventrebille ! pourquoi aussi vous montrer aux hommes telle
que vous êtes ?

   Air n° 192 , ou *Je ne m'en soucie guère.*

Dans ces sortes d'affaires ,
Si les filles sincères ,
Allaient montrer leurs rats ,
On n'en marîrait guères ;

Si l'on voyait leurs rats,
On n'en marîrait pas.

LA FOLIE.

Tu as raison ; mais ne sais-tu pas que
mes défauts font tout mon mérite ? Si je
les cache, adieu mes courtisans.

PIERROT.

Hé bien, conservez vos défauts ; mais,
changez et d'habit et de nom ; car, voyez-
vous, c'est ça qui gâte tout.

LA FOLIE.

Tu l'as dit.

PIERROT.

Air n° 193, ou *Je passe la nuit et le jour.*

Il faudrait trouver un beau nom
De divinité chimérique.
J'y veux rêver... Le voici... Non,
Il n'est pas assez magnifique...
Arrêtons-nous à celui-là.
Oui, je le tiens. Il est bon là...
        Ce n'est pas ça,
        Ce n'est pas ça...
Ha, ha ! pour le coup m'y voilà !

LA FOLIE.

Voyons un peu l'effort de cette imagina-
tive.

PIERROT.

Faites-vous... (Il se prend à rire.) ous , ous ,
ous , ous , ous....

LA FOLIE.

Explique-toi donc.

PIERROT.

Faites-vous appeler.... (Il continue de rire.)
er , er , er , er , er , er....

LA FOLIE.

Air n° 143, ou *Nous sommes précepteurs d'amour.*

Mais enfin nous parlerez-vous ?

PIERROT.

Faites-vous appeler *la Gloire.*
Et promettez à votre époux
Qu'il vivra toujours dans l'histoire.

LA FOLIE.

Ah! mon ami, l'heureuse idée qui t'est
venue là !

PIERROT.

Air n° 194, ou *Pierrot, revenant du moulin.*

Ce n'est pas sans raison qu'on dit   *bis.*
Que je suis un garçon d'esprit.

LA FOLIE.

Pierrot,
Pierrot, tu n'es pas sot,
Tu n'es pas sot, Pierrot,

PIERROT.

Il faudra de plus que.....

LA FOLIE, l'interrompant.

Oh! je n'ai pas besoin que tu m'en dises davantage, je vois d'un coup-d'œil tout ce qu'il faut que je fasse pour l'exécution d'un si beau projet.

(En cet endroit on entend la trompette de la Renommée qui joue en ritournelle l'air suivant.)

Ha! j'entends la Renommée, elle passe par ici fort à propos. (Elle appelle.) Hola! hé! la Renommée! à moi! un mot.

SCÈNE II.

LA FOLIE, PIERROT, LA RENOMMÉE.

LA RENOMMÉE.

AIR n° 195, ou Réveillez-vous, belle endormie.

Me voici, déesse follette.
Commandez; que me voulez-vous?
Faut-il encor que ma trompette,
Pour servir vos feux, s'entremette?
Faut-il encor que ma trompette
Vous aille chercher un époux?

LA FOLIE.

Oui; mais ce n'est plus sous le nom de

Folie qu'il faut m'annoncer; c'est sous le nom de Gloire.

LA RENOMMÉE, riant.

Ho! ho!

PIERROT, portant le doigt à son front.

Ça part de là ; c'est moi qui ai trouvé ce nom-là pour emboiser les hommes.

LA RENOMMÉE.

AIR n° 196, ou *Voyelles modernes.*

L'entreprise est jolie,
Elle réussira a , a , a ,
Tel qui fuit la Folie,
Avec plaisir voudra a , a , a ,
Pour être mis dans l'histoire,
Devenir le mari,
Biribi,
De la Gloire,
De la Gloire.

LA FOLIE.

Je le crois; je vais bâtir tout à l'heure un temple que j'appellerai *le Temple de Mémoire.* Va prôner cela à tous les mortels.

AIR n° 60, ou *Philis plus avare que tendre.*

Pour les engager à me suivre,
Ma mignonne tu leur diras

Que je prétends faire revivre
Mon époux après son trépas.

PIERROT.

Jarnonbille! le bon hameçon !

LA RENOMMÉE.

Le succès en est sûr.

LA FOLIE.

Air n° 189, ou *Laissons là la fumée.*

Porte cette nouvelle
Chez nos fameux guerriers.

PIERROT.

Songez aussi, la belle ,
A nos mâche-lauriers.
Ce sont des amateurs de fumée.

LA RENOMMÉE.

Je pars , adieu; laissez faire la Renommée.

(La Renommée embouche sa trompette en partant,
et joue le même air qu'en entrant.)

SCÈNE III.

LA FOLIE, PIERROT.

LA FOLIE.

Je vais , avant toutes choses, bâtir mon
temple.

PIERROT.

Je vous le conseille.

LA FOLIE.

Cela sera fait dans le moment; ma marotte fera l'office de la baguette d'une fée.

(Elle lève sa marotte, et fait des gestes d'enchanteur en chantant le couplet suivant.)

Air n° 197, ou *Dans le bosquet, l'autre matin.*
(*de la Dot.*)

> Temple, que je bâtis en l'air
> Pour éblouir l'humaine engeance,
> Aussi promptement que l'éclair,
> Prends une trompeuse existence :
> Temple, sers d'archives aux grands noms;
> Deviens mes petites-maisons.

(Aussitôt le temple de mémoire s'élève sur la pointe du mont escarpé. C'est un petit dôme bleu et or.)

PIERROT.

Jarnicoton! que les grands hommes seront bien logés là-haut!

LA FOLIE.

Il ne me reste plus qu'à prendre un habit convenable au rôle sérieux que je dois jouer : Je vais revenir; en attendant, s'il arrive quelque épouseur, tu le recevras, après avoir examiné s'il est digne de moi.

PIERROT.

Allez, je sais ce qu'il vous faut.

SCÈNE IV.

PIERROT, seul.

Air n° 198, ou *Nous verrons des fous.*

De galans quelle foire
Va se tenir chez nous !
Et qu'aux trousses de la Gloire
Nous verrons de, ouistanvoire,
Nous verrons de, tire,
Lirelire,
Nous verrons de fous !

Je crois qu'en voilà déjà un qui vient. Ventre-de-moi ! que la Renommée fait de chemin en peu de temps !

SCÈNE V.

PIERROT, UN CONQUÉRANT.

LE CONQUÉRANT, à part, sans apercevoir Pierrot.

Air n° 199, ou *de l'opéra de Roland.*

La Gloire nous appelle,
Ne soupirons plus que pour elle.

PIERROT, à part.

Je ne me suis pas trompé.

LE CONQUÉRANT, toujours à part.

La Gloire nous appelle,
Ne soupirons plus que pour elle.

Ha! que vois-je? c'est là sans doute ce temple de mémoire dont je viens d'entendre parler; cherchons une route pour y monter.

(Il s'avance vers le mont; Pierrot l'arrête.)

PIERROT.

Halte-là!

LE CONQUÉRANT.

Qui es-tu ici, toi qui m'arrêtes?

PIERROT, se carrant.

. Je suis le confident de la Gloire, et son maître des cérémonies.

LE CONQUÉRANT.

J'en suis ravi. Présente moi donc à elle : je viens pour l'épouser.

PIERROT.

Elle va paraître. Elle est à sa toilette. Dites-moi en attendant qui vous êtes.

LE CONQUÉRANT.

AIR nº 200, ou *Je suis né pour conquérir la terre.*

Je suis né pour conquérir la terre,
Et je veux tout soumettre à ma loi.
Non, le dieu qui lance le tonnerre
N'est pas plus redoutable que moi.
Je suis un dragon,
Un vrai démon,

Dans les combats;
Parmi les boulets,
Les pistolets,
Les coutelas,
Je prends mes plus doux ébats.

PIERROT, à part sur le ton du dernier vers.

Têtebleu ! quel fier-à-bras !

LE CONQUÉRANT.

Quel plaisir de chamailler, de piller,
de saccager, de brûler ! quelle volupté !

PIERROT, à part.

Mais, mais c'est un diable que cet homme-là.

LE CONQUÉRANT.

Air n° 201, ou *La raison s'en va bon train.*

Je me plais à voir mes mains
Teintes du sang des humains.
Je veux sous mes coups
Les abattre tous.

PIERROT.

L'étrange caractère !
Pour moi, je tiens qu'il est moins doux
D'en tuer que d'en faire,
Lonla,
D'en tuer que d'en faire.

LE CONQUÉRANT.

Non, non; les horreurs de la guerre
doivent faire les délices des belles âmes.

PIERROT.

Oui, et ces belles âmes ne se font pas conscience de prendre ce qui ne leur appartient pas.

LE CONQUÉRANT.

Apprends, mon cher, que tout nous appartient par le droit de conquête.

PIERROT.

Air n° 22, ou *A la façon de Barbari.*

Mais expliquez-moi, s'il vous plaît,
  Votre droit de conquête.
En vain, pour savoir ce que c'est,
  Je rumine en ma tête.

LE CONQUÉRANT.

Quand on a de bons escadrons,
  De gros bataillons,
  Et force canons,
On a droit sur le bien d'autrui,

PIERROT.

Biribi,
A la façon de Barbari,
  Mon ami.

Mais, monsieur le fendeur de naseaux, vous y serez attrapé à la fin.

Air n° 202, ou *Pour esquiver en vingt combats.*

Vous esquivez en vingt combats
  Le trépas;

Une balle vient par hasard
Tout d' travers,
Qui vous jette mon gaillard
A l'envers.

LE CONQUÉRANT.

Hé bien ! après cela aussi, je serai placé dans ce temple : je vivrai toujours dans l'histoire.

PIERROT.

Air n° 4, ou *O reguingué ! ô lonlanla !*

Vous trouvez que c'est un beau sort,
De vivre après que l'on est mort ?
O reguingué ! ô lonlanla !
Quant à moi, toute mon envie,
C'est de vivre pendant ma vie.

LE CONQUÉRANT.

Euh ! le poltron ! mérites-tu d'être auprès de la Gloire ?

PIERROT.

Oh ! je n'y suis pas pour la chose des armes ; j'y suis pour les sciences ; mais, tenez, voici la Gloire, je vais vous présenter à elle.

SCÈNE VI.

LE CONQUÉRANT, PIERROT, LA FOLIE,

avec son habit de gloire, ayant une couronne sur la
tête, et une palme à la main.

PIERROT.

Air n° 203, ou *Le tambourineur*.

Vous voyez un guerrier, madame,
Que le nom de la gloire enflamme :
Pour vos yeux une vive ardeur
Fait pretintin, pretan, tambouriner son âme ;
Pour vos yeux une vive ardeur
Fait, pretintin, pretantan,
Rite rita plan,
Pretan, tambouriner son cœur.

LE CONQUÉRANT.

Air n° 204, ou *Les fanatiques que je crains*.

Idole des enfans de Mars,
Aimable enchanteresse !
J'ai bravé tous les hasards,
J'ai fait mainte prouesse.
Daignez par vos doux regards
Approuver ma tendresse.

LA FOLIE.

Vous avez donc été frappé des belles
choses qu'a dites de moi la Renommée ?

LE CONQUÉRANT.

Oui, charmante immortelle. J'ai été ravi d'apprendre qu'il y eût une divinité que j'adorais sans la connaître ; et je sens redoubler mes feux, depuis que je la connais.

PIERROT, à la Folie.

AIR n° 205, ou *Hé, bon, bon, bon! hé, frou, frou, frou !*

Si vous en croyez Pierrot,
Voilà votre vrai ballot.
Hé, bon, bon, bon! hé, frou, frou, frou!
Personne sur la terre
Ne vous duit mieux que ce fou,
Que ce foudre de guerre.

LA FOLIE, au conquérant, lui tendant la main.

AIR n° 206, ou *Mon brave capitaine.*

Mon brave capitaine,
Lassi,
Lasson,
Lasson, bredondaine;
Mon brave capitaine,
Vous serez mon mari :
Patati,
Pataton,
Le genti!
Le mignon !

Vous serez mon mari,
Vous serez mon mari.
Une si belle chaîne,
Lassi,
Lasson,
Lasson, bredondaine;
Une si belle chaîne
Vous sauve de l'oubli.

PIERROT, à part, sur le ton du dernier vers.

Le voilà bien loti !

LE CONQUÉRANT, baisant la main de la Folie.

De quelle joie je me sens transporté !

LA FOLIE.

Montez au temple de mémoire. J'irai vous y joindre dans un moment.

(Le conquérant fait la révérence, et se retire.)

SCÈNE VII.

LA FOLIE, PIERROT.

LA FOLIE.

AIR n° 207, ou *Ah ! qu'il y va gaîment !*

N'ADMIRES-TU pas mon amant?
Ah ! qu'il y va gaîment !

PIERROT.

Il croit vivre éternellement,
Dans le temple de mémoire.

Ah ! qu'il y va, belle Gloire,
Ah ! qu'il y va gaîment !

Il en va venir bien d'autres, je vous conseille de les écouter tous, et de choisir
celui...

LA FOLIE, l'interrompant.

Je sais ce que j'ai à faire là-dessus ; va
dans mon temple recevoir les amans que
j'y enverrai.

PIERROT, s'en allant.

En voilà un nouveau qui vient en chaise
à porteur.

SCÈNE VIII.

LA FOLIE, UN MEUNIER richement vêtu,
arrivant dans une chaise à porteur.

LA FOLIE, à part.

Il paraît homme de conséquence.

LE MEUNIER, saluant grossièrement.

Madame,... je vou.... je vou....

LA FOLIE.

Qu'y a-t-il pour votre service ?

LE MEUNIER.

Je voudrions bian savoir comme ça où
c'est que je pourrions trouver la Gloire.

LA FOLIE, riant.

Ha, ha, ha, ha! ce n'est qu'un manant!

LE MEUNIER.

Air n° 129, ou *Ton humeur est, Catherine.*

Morgué, vous me feriaiz croire
Que c'est vous, car vous riez.

LA FOLIE.

Oui, l'ami, tu vois la gloire
De la tête jusqu'aux pieds.
Dans ces lieux que viens-tu faire ?

LE MEUNIER.

J'y vians vous parler d'amour.
Vous seraiz ma minagère,
Si vous voulez, drès ce jour.

LA FOLIE.

Tu n'y penses pas; me convient-il d'é-
pouser un paysan ?

LE MEUNIER.

Oh ! si j'avons été paysan, je ne le sommes
pus. Ne le voyez-vous pas bian à mon habit ?
Je regorge de bian ; il ne me faut pus à
ct'heure que de l'honneur.

LA FOLIE.

Quel commerce as-tu fait pour t'enri-
chir ?

LE MEUNIER,

J'ai été meugnier.

LA FOLIE.

Air n° 80, ou *Qu'auprès d'un jeune homme on étale.*

Pour se mettre à son aise,
C'est donc un bon métier?

LE MEUNIER.

Il vaut, ne vous déplaise,
Celui d'un maltoutier.

LA FOLIE.

Diantre !

LE MEUNIER.

L'y a cinq ans que j'avais déjà amassé
par mon savoir-faire pus de soixante mille
francs, quand le signeur de Châtiau-l'As-
nier, de qui je tenois le moulin, se défesit
de sa tarre ; et ce fut un agioteux, nommé
monsieu Bariolet, qui l'achetit six cents
bonnes mille livres, papier sur table (*).

LA FOLIE.

En espèces courantes.

LE MEUNIER.

Air n° 208, ou *Femmes, voulez-vous éprouver.*

Dame, ce monsieu Bariolet
Boutit d'abord tout par écuelles.

(*) Sous la régence du duc d'Orléans il avait été établi un
papier-monnaie.

Ce n'était cheux li, s'il vous plaît,
Qu'écornifleux, que damoiselles.
Tant-y-a, qu'il mangit tout son bian,
En menant si joyeuse vi i i i i i ie;
Et drès qu'on ne lit vit pus rian,
Chacun li faussit compagni i i i i ie.

LA FOLIE.

C'est-à-dire, qu'il ne lui resta plus que
sa terre.

LE MEUNIER.

Tout juste. Un biau matin je le vis arriver à mon moulin d'un air honnête : Bonjour, maître Pille-grain, me dit-il. Comment va le train ? A votre sarvice, monsigneur, ce li fis-je. Pargoi, me dit-il, je sais que t'es un pendard qui a de vieux écus; voudraiz-tu bian, ce fit-il, me prêter un millier de pistoles ? Ouidà, li dis-je. Et je les li baillis tout comptant.

LA FOLIE.

Air n° 157, ou *Adieu, panier, vendanges sont faites.*

On vit revenir les fillettes
Tant que durèrent les écus?

LE MEUNIER.

Oui; mais d'abord qu'il n'en eut pus,
Adieu pagniers, vendanges sont faites.

LA FOLIE.

Il revint au moulin, n'est-ce pas ?

LE MEUNIER.

Belle demande ! et je li prêtis encore
quinze mille francs qu'il me demandit.

LA FOLIE.

Il en fit le même usage ?

LE MEUNIER.

Ça fut itout biantôt fricassé. Enfin finale,
il revint tant de fois au moulin, qu'il se
trouvit au bout du compte que je li avais
baillé quatre-vingt mille francs. Tout pendant ce temps-là, je vivions comme deux
frères ; mais, comme dit l'autre, au prêter
cousin germain, et au rendre fi le vilain !

LA FOLIE.

Je t'entends, tu fus obligé de le plaider
pour ravoir ton argent.

LE MEUNIER.

Oui, serpedié ! il fallut bian en découdre.

Air n° 6, ou *Guillot auprès de Guillemette.*

Je fis venir sa signeurie
　　Dans le barriau,
Puis je jettis une sasie
　　Sur le châtiau :

A la parfin, j'avons l'honneur
D'en être devenu signeur.

LA FOLIE.

Et que fait à présent ce pauvre diable de Bariolet ?

LE MEUNIER.

Il a pris ma place, je l'ai fait mon meugnier.

LA FOLIE.

Maître Pille - grain, nouveau seigneur de Château-l'Anier, je prévois ce qui arrivera.

LE MEUNIER.

Quoi ?

LA FOLIE.

Vous ferez comme Bariolet, et Bariolet fera comme vous avez fait. Vous allez dépenser, il va amasser, et il rentrera dans sa terre.

LE MEUNIER.

Et moi dans mon moulin, jusqu'à ce qu'il y revienne. Je jouerons aux barres.

LA FOLIE.

Tu ne pouvais manquer de me plaire avec des sentimens si raisonnables.

AIR n° 10, ou *Ne m'entendez-vous pas?*

Ah ! qu'il me sera doux
D'unir ma destinée,
Par les nœuds d'hyménée,
Avec un tel époux !

LE MEUNIER.

Bon ! la vache est à nous !

LA FOLIE.

Va m'attendre dans mon temple.

(Il salue, et s'en va.)

SCÈNE IX.

LA FOLIE, UN PEINTRE arlequin.

LE PEINTRE.

AIR n° 209, ou *Vraiment, ma comère, voire.*

N'ÉPOUSE-T-ON pas ici ?

LA FOLIE.

Ouidà, mon compère, oui.

LE PEINTRE.

Et n'êtes-vous pas la gloire ?

LA FOLIE.

Vraiment, mon compère, voire,
Vraiment, mon compère, oui.

LE PEINTRE.

Ah ! charmante Gloire ! votre vue a mis
le feu aux quatre coins de mon cœur !

Pour éteindre cet incendie, j'ai recours aux
pompes de vos bontés.

(Il veut la carresser.)

LA FOLIE, le repoussant.

Air n° 210, ou *Hé, zing, zing, zing.*

L'ami, tout doux !
Craignez d'attirer mon courroux.
Quelles qualités avez-vous,
Pour vouloir être mon époux ?

LE PEINTRE.

Je suis, ma petite,
Tout plein de mérite,
Et surtout un bon gaillard,
Qui ne fera point lit à part.
Hé, zing, zing, zing.
Madame la marié',
Cla, cla, cla,
Lira, lironfa,
Gué, gué, gué,
Le joli panier
Va danser.

LA FOLIE.

Doucement! vous me paraissez un plaisant original. Qui êtes-vous ?

LE PEINTRE,

Air n° 211, ou *Guéredin, din, din, din, din.*

Je suis un homme tout divin,
Qui meurt de soif et de faim :

Je suis, malgré la censure,
En grand, comme en miniature,
Le rival de la nature,
Ture, ture, turelure, lure;
Déesse, je suis peintre enfin.
Guéredin, din,
Guéredin, din, din,
Guéredin, din, din, din, din.

LA FOLIE.

Ah ! vous êtes peintre ! Effectivement, vous avez là un habit enluminé, qui ne convient pas mal à votre profession.

LE PEINTRE.

C'est ma palette, quand je travaille. Me faut-il du rouge ? tac (Il fait l'action de prendre, avec un pinceau, de la couleur sur son habit), j'en prends ici ; du bleu ? toc, j'en prends là ; du blanc ? de ce côté-ci ; du jaune ? de celui-là.

LA FOLIE, lui mettant le doigt sur le front.

Et du vert, vous en prenez là.

LE PEINTRE.

Vous touchez là l'étui de la plus fertile imagination du monde.

LA FOLIE.

Je le crois.

Air n° 36, ou *De tous les capucins du monde.*

Et dans quel genre de peinture
Excellez vous?

LE PEINTRE.
            En portraiture.
Mes ouvrages sont ressemblans.

LA FOLIE.
Je gage de vous faire père
De demi-douzaine d'enfans,
Qui ne vous ressembleront guère.

LE PEINTRE.
Vous vous égayez, madame la Gloire.

LA FOLIE.
Mais, avec toute votre habileté, vous ne pouvez éloigner de vous la gueuserie.

LE PEINTRE.
Ma foi, nous sommes faits à présent l'un à l'autre; nous avons bien la mine de ne nous point quitter.

LA FOLIE.
Tant pis. Eh! quelle rage avez-vous de vouloir épouser la Gloire, qui n'a point d'autre dot à vous apporter que de la fumée?

LE PEINTRE.
Ah! cette noble fumée m'est plus chère que toutes les mines du Pérou.

LA FOLIE.

AIR n° 23, ou *Laire la, laire lanlaire.*

Mon enfant, vous feriez bien mieux,
Croyez-moi, de jeter les yeux
Sur quelque bonne boulangère.

LE PEINTRE, branlant la tête.

Laire la, laire, lanlaire,
    Laire la,
    Laire lanla.

LA FOLIE.

AIR n° 212, ou *Belle brune que j'adore.*

Si je comblais votre envie,
    Noble ouvrier,   *bis.*
Vous finiriez votre vie
    Sur un fumier.   *bis.*

LE PEINTRE.

Avec vous j'y mourrais heureux.

LA FOLIE.

Vivent les gueux !

Je vous aime de cette humeur-là. Et je
ne vous ai contredit d'abord que pour vous
éprouver.

LE PEINTRE, charmé.

Est-il vrai ?

SCÈNE IX.

LA FOLIE.

Air n° 213, ou Si mon ami reste.

> Que je suis charmée,
> Dans ce doux moment,
> De me voir aimée
> Si parfaitement !
> Vous serez, dès ce jour-ci,
> Mon gen, mon gen,
> Mon gentil petit mari.

LE PEINTRE.

Je ne me possède pas !

LA FOLIE.

Allez de ce pas prendre possession de votre demeure immortelle.

(Il se retire.)

SCÈNE X.

LA FOLIE, M. TOUT-UNI, POÈTE.

LA FOLIE, à part.

Voici un cavalier qui a l'air sage et prudent : est-il possible qu'il vienne pour m'épouser ?

M. TOUT-UNI.

Air n° 56, ou Landeriri.

> Je suis un poëte fameux,
> Éclos depuis un mois ou deux,
>   Landerirette;

Et je m'appelle Tout-uni,
Landeriri.

LA FOLIE.

Ma foi, M. Tout-uni, à votre doux maintien je ne vous aurais jamais pris pour un poëte.

M. TOUT-UNI.

Vous voyez pourtant l'auteur d'un (*) poëme épique qui doit me valoir votre main, et la première niche dans votre temple; Daignez m'y conduire, brillante déesse.

(Il la prend par la main, et chante.)

Air n° 214, ou refrain de l'air, *Allons à la guinguette.*

Allons, courrons, volons,
Au temple de mémoire, allons.

(*) Le poëme de *Clovis*, qui parut dans ce temps-là.
(*Note de l'auteur.*)
Lemojon-Saint-Didier est auteur de ce poëme, qui parut en 1725.

SCÈNE XI.

LA FOLIE, M. TOUT-UNI, M. PRONE-VERS (*).

M. PRÔNE-VERS.

Il arrête M. Tout-uni, en chantant sur l'air précédent.)

Tout beau! tout beau! tout beau!
Alte là! poëte nouveau!

M. TOUT-UNI.

A qui en veut ce drôle-là?

M. PRÔNE-VERS.

A qui pensez-vous parler, mon ami?
Pouvez-vous méconnaître monsieur Prône-
Vers, l'Ephestion de l'Alexandre des poëtes,
le héraut de ses merveilleuses productions?

AIR n° 201, ou *Ma raison s'en va beau train.*

Oui, la Renommée en vain,
Avec cent bouches d'airain,
Célèbre en tous lieux,
Porte jusqu'aux cieux
Ce phénix des poëtes;
Mon seul gosier le sert bien mieux
Que toutes ses trompettes,

Tout le monde reconnut dans *Prône-vers* Thiriot l'ami
de Voltaire.

Bien mieux
Que toutes ses trompettes.

LA FOLIE.

Votre ami, apparemment, n'est pas un faiseur de ballets, et son atelier n'est point à l'Opéra.

M. PRÔNE-VERS.

Fi donc, à l'Opéra !

LA FOLIE.

Hé, quelle place occupe-t-il dans le double vallon ?

M. PRÔNE-VERS.

Mon illustrissime ami est le célébrissime auteur d'un élégantissime (*) poëme épique, qui efface tous les poëmes passés, présens et à venir.

LA FOLIE.

Ha ! ha ! vos épithètes hyperboliques m'apprennent le nom de votre Homère.

M. PRÔNE-VERS.

AIR n° 18, ou *Lanturlu*.

Quel ouvrage égale
Ce tissu divin ?

(*) Le *Poëme de la Ligue*. (*Note de l'auteur.*)
C'est sous le titre de *la Ligue* que parut en 1723 la première édition du poëme le Voltaire appelé aujourd'hui *la Henriade*.

Perle orientale
S'y mêle à l'or fin :
Partout il étale
  Riche lambeau.

M. TOUT-UNI.

Bien cousu !
Lanturlu, lanturlu, lanturlu.

LA FOLIE.

Ho çà, M. Prône-vers, puisque vous faites bourse commune de réputation avec votre ami, permettez-moi de vous critiquer solidairement, et de vous adresser la parole.

M. PRÔNE-VERS.

Ouidà !

LA FOLIE.

Air n° 107, ou *Sens dessus dessous.*

Dans ce poëme si vanté,   *bis.*
L'art se trouve un peu maltraité :   *bis.*
Vous arrangez votre matière
  Sens dessus dessous,
  Sens devant derrière ;
Et les bons morceaux y sont tous
  Sens devant derrière,
  Sens dessus dessous.

M. PRÔNE-VERS.

Air n° 215, ou *Belle brune, belle brune.*

Quel blasphème !
Quel blasphème !

> Dire qu'il est des défauts
> Dans le plus parfait poëme!
> Quel blasphème!
> Quel blasphème!

Quoi! par exemple, vous n'admirez pas les amours du héros de notre livre?

LA FOLIE.

Il faut vous donner une louange, vous n'avez pas pillé cet endroit-là de l'Enéide; vous avez retranché des amours de votre héros tout le cérémonial des passions délicates; vous ne le faites point languir. On pourrait dire de lui et de sa dame :

> *Blaise, revenant des champs,*
> *Tout dandinant,*
> *Tout dandinant,*
> *Rencontra la femme à Jean,*
> *Et puis ils s'en furent*
> *Dans une masure.*

M. TOUT-UNI, ricanant.

On ne me reprochera pas de pareilles bévues.

M. PRÔNE-VERS, à M. Tout-Uni.

Air n° 69, ou *Ta plainte me désespère.*

> Ne faites point tant l'habile,
> Monsieur le nouveau venu;

La veille très-inconnu,
Le lendemain un Virgile :
On ignorait votre nom ,
Il court à présent la ville ;
On ignorait votre nom ,
Il court comme un *mirliton.*

M. TOUT-UNI.

Air n° 7, ou *Tu croyais, en aimant Colette.*

A votre esprit rendez le calme.
En vain vous voulez contester ,
Les cafés me donnent la palme.

M. PRÔNE-VERS.

Bon ! ce n'est que pour nous l'ôter.

Mais laissons là la dispute. Charmante Gloire , je suis chargé de la procuration de mon ami pour vous épouser en son nom , et prendre possession dans votre temple, du premier piédestal, qui lui appartient de droit.

LA FOLIE.

Air n° 32, ou *Chantez, dansez, amusez-vous.*
(*De la Rosière.*)

Sur le piédestal qu'aujourd'hui
Il veut au temple de mémoire ,
On vous mettra derrière lui,
Représentant une victoire ,

Qui d'un laurier qu'elle tiendra
Fièrement le couronnera.

M. PRÔNE-VERS.

Fort bien ; ne différons plus, partons.

SCÈNE XII.

LA FOLIE, M. TOUT-UNI, M. PRONE-VERS, DEUX POÈTES.

1er POÈTE, au second.

Vous verrez que la Gloire s'expliquera
en ma faveur.

2me POÈTE au premier.

Vous verrez que j'aurai la préférence.

LA FOLIE.

Qui êtes-vous, messieurs?

1er POÈTE.

Nous sommes deux auteurs de poëmes épi-
ques.

LA FOLIE.

Encore des poëmes!

1er POÈTE.

J'ai chanté les Géans (*).

(*) Poëme nouveau (*note de l'auteur*). Ce poëme est du ba-
ron de Waleff.

M. PRÔNE-VERS.

La matière est élevée.

2me POÈTE.

Et moi je chante le Jason des Indes (*), ou
la conquête des mines du Potosi.

M. TOUT-UNI.

La matière est riche.

SCÈNE XIII.

LES ACTEURS DE LA SCÈNE PRÉCÉDENTE,
UN TROISIÈME POÈTE.

3me POÈTE.

PLACE! place à l'auteur d'un fameux poëme
épique !

LA FOLIE.

Miséricorde! Nous allons essuyer un dé-
luge de poëmes.

M. PRÔNE-VERS.

Et peut-on savoir le nom du héros que
vous avez célébré ?

LA FOLIE.

AIR n° 12, ou *Réveillez-vous, belle endormie.*

C'est sans doute un grand capitaine.

(*) Poeme depuis long-temps promis au public sous le titre
de *Fernand Cortez.*

3me POÈTE.

Celui dont ma muse a fait choix,
A beaucoup honoré la scène
De nos (*) comédiens français.

LA FOLIE.

Est-ce Pompée ?

3me POÈTE.

Non.

M. PRÔNE-VERS.

Mitridate ?

3me POÈTE.

Non.

M. TOUT-UNI.

Sertorius ?

3me POÈTE.

Non.

1er POÈTE.

Romulus ?

3me POÈTE.

Non.

2me POÈTE.

C'est peut-être Œdipe ?

*) Les comédiens français avaient donné une comédie in-
titulée *Cartouche*, qui était l'histoire d'un fameux voleur de
ce temps-là. (*Note de l'auteur.*)
Legrand est auteur de cette comédie.

3me POÈTE.

Non. C'est Cartouche. (*)

(Ils se mettent tous à rire.)

LA FOLIE.

Cartouche ! il doit y avoir de vilains chants
dans ce poëme-là.

M. PRÔNE-VERS, à la Folie.

Ne vous arrêtez point à tous ces poëtereaux.
Venez avec moi au temple.

AIR n° 183, ou *Ma commère, quand je danse.*

Pour mon ami, ma déesse,
J'y recevrai votre foi.

M. TOUT-UNI.

C'est plutôt à ma tendresse
Que vous devez cet octroi.

1er POÈTE, à M. Tout-uni.

C'est bien pour toi !

M. TOUT-UNI.

Oui, c'est pour moi.

(Tous ensemble, se poussant les uns les autres.)

Non, c'est pour moi,
C'est pour moi,
C'est pour moi !

(*) Poëme burlesque qui porte ce nom. (*Note de l'auteur.*)
Ce poëme est de Grandval père.

M. PRÔNE-VERS.

N'écoutez point, ma déesse,
Ces auteurs de bas alloi.

(Ils s'empressent tous à suivre la Folie, qui se dispose
à monter au temple, lorsque le conquérant, le meû-
nier et le peintre reviennent, qui les arrêtent.)

SCÈNE XIV.

LES ACTEURS DE LA SCÈNE PRÉCÉDENTE, LE
CONQUÉRANT, LE MEUNIER, LE
PEINTRE.

LE MEUNIER.

AIR n° 216, ou *Allons voir, allons voir, allons voir.*

Allons voir, allons voir, allons voir
Ce que nous dira la Gloire;
Allons voir, allons voir, allons voir
Qui de nous la doit avoir.

LE CONQUÉRANT, à la Folie.

Déesse, ne m'avez-vous pas promis de
m'épouser?

LA FOLIE.

Oui, vraiment.

LE PEINTRE.

Ne m'avez-vous pas donné votre parole?

LA FOLIE.

Oui.

LE MEUNIER.

Est-ce qu'ous m'auriaiz baillé une colle !

LA FOLIE.

Non.

M. PRÔNE-VERS

C'est moi qui l'emporterai.

M. TOUT-UNI.

P r r r !

LA FOLIE.

Point de bruit, je vais vous mettre tous d'accord. Approchez, touchez là.

(Elle leur tend à tous la main.)

M. PRÔNE-VERS.

Qu'est-ce que cela signifie ?

LA FOLIE.

Cela signifie que vous êtes tous mes maris.

AIR n° 217, ou *Connaissez-vous Marotte.*

Connaissez-vous Marotte,
Mignonne la femme à tretous ?

(Elle déboutonne ici sa robe de Gloire, pour faire voir son habit de *Folie* qui est dessous. Elle prend sa marotte qu'elle avait pendue à sa ceinture, et achève l'air.)

Sous cette rédingote,
Mes amis, la voici :

Et la tretin, treti,
Et la tretin, tretous,
Et la femme à tretous.

(Tous ensemble, criant.)

Ah!

LA FOLIE.

AIR n° 218, ou *Pour la baronne.*

Que la Folie }
Vous montre votre vanité. } *bis.*
La Gloire, à qui l'hymen vous lie,
N'est autre chose, en vérité,
Que la Folie.

LE CONQUÉRANT.

Hélas ! qui l'aurait dit ?

LE PEINTRE, au Conquérant.

Rodrigue ! l'eusses-tu cru ?

LE MEUNIER.

Jarnigoi ! j'y ai été bian attrapé ?

LA FOLIE.

Il y en aura bien d'autres.

M. PRÔNE-VERS.

Je crois que vous voulez épouser toute la
terre.

LA FOLIE.

AIR n° 36, ou *De tous les capucins du monde.*

Oh ! ma foi, vous le pouvez croire !
Je prétends, sous le nom de Gloire,
Prendre tous venans pour maris.

M. TOUT-UNI.

D'où vous vient cette fantaisie?

LA FOLIE.

C'est pour me venger du mépris
Qu'ils ont tous fait de la folie.

Tenez, en voici de nouveaux qui vien‑
nent se présenter. Je vais les recevoir aussi
au nombre de mes époux.

(En même temps on voit paraître les danseurs, qui
représentent les différentes conditions des hommes.)

LE PEINTRE.

Il faut avaler le goujon de bonne grâce.
Allons, camarades co-époux, célébrons nos
noces à frais communs.

LA FOLIE.

Venez, mes suivantes, venez seconder
mes maris.

(Les danseuses, qui représentent les suivantes de la
Folie, paraissent aussitôt.)

SCÈNE XV.

LES ACTEURS DE LA SCÈNE PRÉCÉDENTE,
DANSEURS ET DANSEUSES, PIERROT.

(On forme des danses, après lesquelles on chante le
vaudeville.)

VAUDEVILLE.

AIR n° 219, ou *Un Crésus jadis domestique.*

Premier couplet.

LE PEINTRE.

Un Crésus, jadis domestique,
A fait bâtir un grand hôtel ;
Par ce monument magnifique,
Il prétend se rendre immortel :
      Hé, vraiment voire !
   Ziste, zeste, et lonlanla,
   Monsieur Jasmin, vous voilà
   Dans le temple de mémoire.

Second couplet.

UNE SUIVANTE DE LA FOLIE.

Damon pense qu'on le trompette
Comme un bon cerveau d'aujourd'hui ;
Mais, sans son épouse coquette,
On ne parlerait pas de lui :
      Hé, vraiment voire !
   Ziste, zeste, et lonlanla,

Par sa tête le voilà
Dans le temple de mémoire.

Troisième couplet.

UN POÈTE.

Par plus d'une belle harangue
Un magistrat plaît au public ;
Mais son faiseur a de la langue,
On apprend leur secret trafic :
   Hé, vraiment voire !
  Ziste, zeste, et lonlanla,
  Grand orateur, te voilà
  Dans le temple de mémoire.

Quatrième couplet.

LA FOLIE.

Un sujet traité par Corneille (*)
N'avait qu'un prix très incertain ;
Mais il devient une merveille
En nous passant de main en main :
   Hé, vraiment voire !
  Ziste, zeste, et lonlanla,
  En grand trio te voilà
  Dans le temple de mémoire.

Cinquième couplet.

PIERROT, aux spectateurs.

Messieurs, à la pièce nouvelle

(*) Dans ce temps-là on parlait de donner un troisième
Œdipe aux comédiens français. (*Note de l'auteur.*)

  L'*Œdipe* de Corneille est de 1659 ; celui de Voltaire en 1718 ;
celui de Lamotte ne fut joué que le 18 mars 1726.

LE TEMPLE DE MÉMOIRE.

Accordez un peu de faveur ;
Quoi que vous puissez pensier d'elle,
Ne chantez pas d'un ton moqueur :
Hé , vraiment voire !
Ziste, zeste, et lonlanla ,
Voyez comme on reviendra
A leur temple de mémoire.

FIN DU TEMPLE DE MÉMOIRE.

TABLE

DES PIÈCES CONTENUES DANS CE VOLUME.

I

N° 3.
Allegro.
N° 4.
Allegro.

Nº 5.
Vif.
Nº 6.
Vif.

N.º 7.
Lent.
N.º 8.
Vif.

Nᵒ 9.
Vif.
Nᵒ 10.
Lent.

N.º 11.
Lent.
N.º 12.
Trés Vite.

Nº 13.
Gaiement
Nº 14.
Vif.

Nº 15.
Lent.
Nº 16
Allegro

N.º 17.
Vite.
N.º 18.
Vif.

Nº 19.
Lento.

N.º 20.
Vif.
N.º 21.
Lent.

N.º 22.
Vif.
N.º 23.
Lent.

Nº 24.
Vif.
Nº 25.
Vif.

N.º 26.
Allegro
N.º 27.
Lent.

Nº 28.
Allegro
Nº 29.
Vif.

N.º 30.
Gaim.t
N.º 31.
Lent.

N.º 32
Vif
N.º 33
Presto
N.º 34.
Allegro

N.º 35.
Andantino
N.º 36.
Vif.

N.º 37.
Presto
N.º 38.
Allegro

N.º 39.
Vif.
N.º 40.
Allegro

Nº 41.
Gaim.t
Nº 42.
Lent
Nº 43.
Lent

N.º 44.
Vif.

N.º 45.
And.no
N.º 46.
Allegro

Nᵒ 47.
Lent
Nᵒ 48.
Vif.
Nᵒ 49.
Vif.

Nº 50.
Gaim.t
Nº 51.
Vif

Nº 52
Vif.
Nº 53.
3

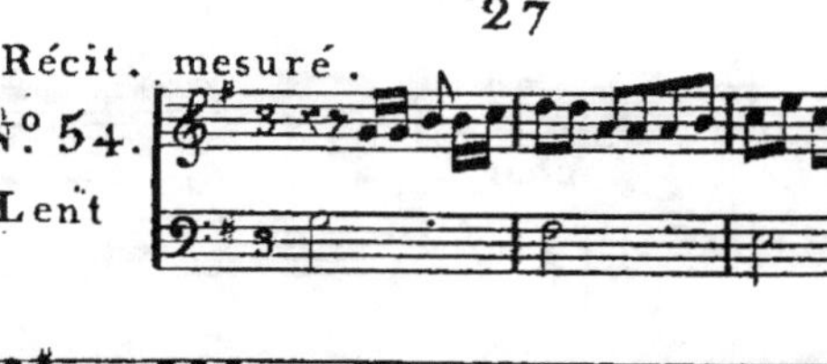

Récit. mesuré.
N.º 54.
Lent

And.ⁿᵒ
al_

lar _ _ _ _ _ mes

char -
- mes
en _ trai - - - - ne
en _ trai - - - ne
lar - - - - mes
char - - -

29
Récit.
- - - - -mes

𝄋 And.no
fine
𝄋
N.o 55.
Vif.

N.º 56.
Lent
N.º 57.
Allegro
N.º 58.
Lent

Allo
D.C.
Nº 59.
Allegro
Nº 60.

3

Nº 64.
Nº 65.
Nº 66.

Nº 67.
Vif.
Nº 68.
Vif.

N.º 69.
N.º 70.

N.º 71.
N.º 72.

N.º 73.
N.º 74.

Nº 75.
Nº 76.
Nº 77.

N.º 78.
N.º 79.

N.º 80.
N.º 81
N.º 82.

N.º 83.
N.º 84.
N.º 85.

Nº 86.

N.º 87.
N.º 88.
N.º 89.

N.o 90.
N.o 91.

N.º 92.
N.º 93.
N.º 94.

N.° 95.
Vif.
All.°
Tempo 1.°

Nº 96.
Nº 97.
Nº 98.

4

N.º 101.
N.º 102.

Nº 103.
l'Opera
la foire
Mezzelin
Nº 104.

52
N.º 105.
N.º 106.
Lent
Vif
Vif

Nº 107.

Nº 108.

N.º 109.
N.º 110.
N.º 111.

5.5
N.º 112.
N.º 113.

N.º 114.
N.º 115.

Nº 116.
Nº 117.
Nº 118.

N.º 119.

N.º 120.

59

N.º 124.
N.º 125.

61
Nº 126.
Nº 127.
Nº 128

Nº 129.

N°. 130.
N°. 131.
N°. 132.

Récit.
Nᵒ.133.
Nᵒ.134.
Nᵒ.135.

N.º 136.

N.º 137.

5

N.º 138.
Fine.
Fine.
D.C.

Nº 139.
Nº 140.
Nº 141.
Nº 142.

N.º 143.
N.º 144.
N.º 145.

N°. 146.

N°. 147.

N°. 148.

N°. 149.

N.º 150.

N.º 151.

71
Nº. 152.
Nº. 153.

N.º 154
N.º 155.

Nº 156.
Nº 157.
Nº 158.

Nº 159.
Nº 160.

Récit.
Nᵒ 161.

N.º 162.
N.º 163.
Lent.

77
Récit.
Lent.
Récit.

Lent.
Récit.
N.º 164
Choeur.
Soprano.
Alto.
Tenor.
Basso.
Basso.
Lento.
N.º 165.
Soprano
Alto.
Tenor.
Basso.

Récit.
Lent.
All°.

Lent
Choeur.
Récit

Lent.
N.º 166.
N.º 167.

N.º 168.
Lent.
Alto.
Choeur.
Tenor.
Basso.

Récit.
Nº 169.

N.º 170.
N.º 171.
N.º 172.

Nº173.
Récit.
Nº174

All.o
Choeur.
Soprano.
Alto.
Tenor.
Basso.

87
N.º 175
N.º 176

Soprano.
Alto.
Tenor.
Basso.
Récit.
N°.177.

La Foire.
l'Opera.
N.º 178.

N° 179
N° 180

Nº 181
Nº 182

Nº 183.
Nº 184
Soprano 1º
Soprano 2º
Alto.

N.º 185.

94
N.º 186.
N.º 187.
N.º 188.
N.º 189.

N.º 190.
N.º 191.

N.º 192.
N.º 193.

7

N.º 196.
N.º 197.
N.º 198.

Nº 199.
Nº 200

N.º 201.
N.º 202.

Nº 203.

N.º 204.
N.º 205.
N.º 206.

N.º 207.

Nº 208.
Nº 209.
Nº 210.

N.º 211.

N° 212
N° 213

107

N.º 217
N.º 218

109
N° 219

www.ingramcontent.com/pod-product-compliance
Lightning Source LLC
Chambersburg PA
CBHW061430060726
47597CB00002B/274